誰の心でも誘導できる

超魔術の裏技術

Mr.マリック

ワニブックス

まえがきに代えて――ハンドパワーの正体

みなさま、〝超魔術〟の世界へようこそお越しくださいました。

本をお手にとっていただき、ありがとうございます。

中学生の頃に知ったマジックに夢中になり、以来60年近くマジックの世界で生きてきました。そしてテレビ出演をきっかけに生まれた〝超魔術〟は、今年２０１９年で誕生30周年を迎えます。

記念すべきこの年に、私はひとつの決心をしました。


ハンドパワーの正体を明かす。

こう言うとみなさまは、どうやって人を浮かせているのか、どうやってコインを貫通させているのか、どうやってカードを予言しているのか、ひとつひとつの具体的な種明かしを思い浮かべられるでしょう。そうではありません。

私がこの本で明かすのは「超魔術をどうやってつくり出すか」ということです。

実は超魔術というのは、手先のテクニックが2割、その場の雰囲気作りが8割なのです。

つまり雰囲気づくりに成功すれば、8割方成功ということになるわけです。

ではどうやって神秘的な雰囲気をつくり出すか。それは話の組み立てでお客様を夢中にさせ、身振り手振りや絶妙の間といった演出で、虜にするのです。

つまり超魔術の正体は、〝超話術〟であり、〝超演出術〟なのです。

テレビに出演してブームが到来した1990年代、私の超魔術を本物の超能力と信じ込む人が続出しました。「宗教団体の教祖になってほしい」、と大金を積まれたこともありますし（もちろんお断りしましたが）、念で病気を治してほしい、未来を占ってほしいなどと人々が押し寄せ、異常ともいえる状況に陥りました。

そしてある時期からは「インチキだ」「ニセモノだ」といったバッシングも受けました。私はストレスから顔面神経麻痺を発症し、しばらくテレビから遠ざかったのです。

そういった流れを受け、私は1997年に「マジシャン宣言」をしました。神でも悪魔でも魔法使いでも超能力者でもなく、私はマジックをこよなく愛する普通の人間なのですから。

すべては私が世間の人々を、マジックを超能力だと信じ込ませたことに端を発しています。たとえば、硬貨に煙草を貫通させる『シガー・スルー・コイン』というマジックがあります。これを普通のマジシャンと私がやり、どちらも成功したとしましょう。

普通のマジシャンがやればマジック。私がやれば超魔術になるのです。同じ内容にもかかわらず、私がやると多くの人々が信じ込むわけです。

この違いは何でしょう?

先にも書いた通り、これは超話術であり、超演出術のなせる業なのです。極論を言ってしまえば、普通のマジシャンなら誰でもできるマジックを、私は話し方と雰囲気づくりによって、まるで神秘的なものかのように見せることができるのです。

1を1以下に見せてしまう人。

1を10に見せられる人。

1を1000にも10000にも見せることができる人。

あなたはどのタイプでしょうか?　自慢するようで恐縮ですが、私は1を10000に見せることで多くの人を夢中にし、虜にすることを生業としてきました。

話し方ひとつで、人は好かれ、嫌われます。仕事で成功し、失敗します。好きな人と付き合うこともフラれることも、話し方ひとつだったりします。また雰囲気づくりによっても、あらゆる場面で明暗が分かれます。うまくいくはずのことがうまくいかず、逆に可能性が低いことがうまくいったりするのです。

内容自体は良いのに、ちょっと話し方がまずかったり、場の空気が良くなかったことで、いくつものチャンスを逃してきている……あなたも身に覚えがありませんか？

本書では、私が培ってきたノウハウをすべてお伝えしようと思います。

超魔術の正体である超話術&超演出術をマスターすることで、あなたの人生が大きく変わるといっても過言ではありません。

超話術を使うことで、あなたの周囲の人間関係は激変します。超演出術を使うことで、あなたは自信に溢れ、信頼されるイメージが定着し、成功体験を量産できるようになるのです。

読み終えた時、きっとあなたには明るい未来がキテます！

【本書の使い方】

超話術＆超演出術をマスターすれば、あなたを見る周囲の目が変わります。より多くの人があなたの話に耳を傾け、あなたを信頼し、あなたを好きになってくれます。

「マリックは有名だから、みんな注目してくれるし、話を聞いてくれるのは当たり前だ」と思われるでしょう。たしかに私は、おかげさまで世間のみなさまに広く知っていただく存在になることができました。しかし、私がテレビでブレイクしたのは40歳の時です。それまでは長い下積み生活がありました。

高校卒業後、サラリーマン生活を経てマジックグッズの実演販売員になりました。その後、ホテルのラウンジやナイトクラブなどでテーブルショーの営業をし続け、39歳の時にテレビ出演をするようになったのです。

私のマジック人生は大きく4つに分かれます。

① 実演販売員時代
② ナイトクラブ営業時代
③ テレビ時代
④ ライブ時代（現在）

私はこの4つの時代にさまざまな経験をしていく中で、超魔術をつくりあげていったのです。

実演販売員時代――私はお客様と1対1でお話しをし、マジックを実演し、決して安くはないマジックグッズを購入してもらっていました。

ナイトクラブ営業時代――ホテルのラウンジやバー、ナイトクラブなどに出向き、各テーブルを回って、カップルやご家族など1対2〜3人という状況でマジックをやり続けました。

テレビ時代――収録では常に私の周囲に芸能人の方が数人、観覧席に数十人〜数百人のお客様がいらっしゃいました。テレビカメラやスタッフの存在を除けば、1対数人〜数十人の規模です。

ライブ時代――たとえば２０１９年2月1日～3日に幕張メッセで開催され、６７００人超の来場者を記録した『ジャパンキャンピングカーショー２０１９』で、ショーを行いました。１対不特定多数。どれくらいのお客様にご覧いただいたのか、数えきれません。

お気づきでしょうか。私は４つの時代に、さまざまなシチュエーションでマジックをやり続けてきたのです。実演販売員時代は1対1。ナイトクラブ営業時代は1対2、３人。テレビ時代は1対数人～数十人。ライブ時代は1対不特定多数。相対する人の数、年齢層、男女比などによって、私はマジックの内容や構成、そしてコミュニケーションの方法を変えてきました。後ほど詳しくご説明しますが、子供への見せ方と大人への見せ方は違いますし、男性と女性とでは接し方を変えなければなりません。日本人相手なのか、外国人相手なのかによっても大きく変わります。

誰に対しても同じコミュニケーションの取り方をしてはいけません。絶対に失敗します。好きな異性と1対1で食事をする際、どんな風に話を切り出し、どんな風にすれば良い雰囲気をつくり出せるか？

疑い深く、気難しい上司３人とミーティングする際、いかに彼らの心を掴み、信頼を勝ち取って自分の味方につけるか？

勝負のプレゼン当日。男女入り混じった聴衆がズラリ数十人。どんな話の構成で、どこに目線を送り、いかにして会場を沸かせてプレゼンを勝ち抜くか？

結婚式のスピーチ、あるいは同窓会や忘年会などでの挨拶や出し物。数えるのも嫌になるくらいの人、人、人。どのくらいの声量で、どんな表情で、どんな間と内容で臨めば、観衆を退屈させずに楽しませることができるか？

社会生活はコミュニケーションの連続です。そして社会生活を生き抜いていくためには、絶えず自己プロデュースをし続けていかなくてはなりません。

時代を生き抜いていくために不可欠な超コミュニケーション術と超自己プロデュース術。私はその極意を知っています。本書で惜しみなく、すべてを伝授いたします。

マジックの世界では、初心者はまずギャラリーなし、自分一人で鏡を見て練習するところから始めます。

技が一通りできるようになったら、親や恋人など親しい人に1対1で見てもらいます。次の段階は、友人や同僚など2、3人を相手に技を披露してみます。そうしてギャラリーの数を徐々に増やしていくわけです。

マジックの内容や技の難易度が変わらないとしても、ギャラリーの質や数が変化すると、どんどん難しくなります。緊張もするし、粗探しもされてしまうからです。

コミュニケーションも全く同じです。親や友人と話をするのはもちろん簡単なことですが、相手が苦手な上司や部下だったり、気難しい取引先だったり、あるいは片思いの相手、結婚式でのスピーチなどになってくると、途端に難しくなります。

ビジネス書のコーナーにあるプレゼン関係の書籍は、いきなり1対多数をやれ、というものです。できるわけがありません。ステップバイステップで、段階的に相対する人間の数を増やしていかなければなりません。

マジックと同じで、コミュニケーション術というものは、徐々に徐々に上達していくものです。

というわけで、まずは1対1のコミュニケーション術からご説明していきましょう。そして段階的に相手の人数や規模が増えていき、難易度が徐々に上がっていくステップアップ方式で本書を進めてまいります。焦らず、じっくりやっていきましょう！

さぁ、準備はいいですか？

誰の心でも誘導できる

超魔術の裏技術

——目次

STEP1

対話、告白、接客に使える超魔術

1対1のコミュニケーション

STEP 2

交渉、営業、ミーティングに使える超魔術

1対2〜3人のコミュニケーション

STEP 3

会議、面接、プレゼンに使える超魔術

1対数人～十数人のコミュニケーション

STEP 4

大型プレゼン、スピーチ、講演、ショーに使える超魔術

1対不特定多数のコミュニケーション

STEP 1

実演販売員時代に
培ったノウハウ

対話
告白
接客

に使える超魔術

1対1

のコミュニケーション

コミュニケーションの上で最も大切なこと

具体的なテクニックの話を進めていく前に、まずは私自身のことに少しお付き合いください。

幼少期。私は内気でほとんど喋らず、クラスでも全く存在感がないような子供でした。でも何かいたずらをすると周りが笑ってくれて、それが嬉しくて仕方ありませんでした。大人たちには叱られましたが、幼馴染みが笑ってくれるのが至福の時だったのです。

パッチンガムやブーブークッションなどのジョークグッズが世に出たのは、私が小学生の頃。岐阜の柳ケ瀬商店街にある雑貨屋に通っては、箱を開けたらびよーんと飛び出してくる、びっくり箱に感動していました。娯楽が多様化&高度化した現在からは考えられないような、幼稚な子供騙しのグッズばかりでしたが、それでも私は楽しくて仕方ありませんでした。

中学生になっても『いたずらの天才』という海外の本の翻訳版を読み込むなど、私は人を驚かせたり、笑わせたりすることにますます夢中になっていきました。

そんな折、名古屋から転校生がやってきたんです。彼は地元のテレビにも出たことのある手品の天才少年でした。

彼の魔法のような手品に圧倒され、アシスタントのように後をついて回り、ひとつひとつ教えてもらいました。

「えー、なになに？　どうなっとんの⁉」

友達の前で、家族の前で披露すると、みな目を見開いて驚いて、拍手して喜んでくれました。私はその快感に震えて、マジックの虜になっていったんです。

私は古希を迎えた現在もマジックを続けています。さまざまな技をつくり出し、多くの人に楽しんでいただけるようになりましたが、気持ちはずっと変わっていません。あの日の少年のままです。ひたすらひとつの思いを抱き続けているのです。

目の前の人を楽しませたい。喜ばせたい。

この気持ちこそが、コミュニケーションの基本であり、真髄です。この気持ちに話術、

ジェスチャー、間の取り方といったテクニックが加わると鬼に金棒なのです。

これからみなさまに、いろんなテクニックをお教えしていきますが、どうかこの気持ちを大切にしていただきたいのです。

この気持ちがなければ、どんなテクニックを学んでも無駄です。意味がありません。

「1対1」からすべては始まる

高校卒業後、いったんはメーカーに就職したのですが、間もなく辞めました。マジックへの思いが断ち切れなかったのです。稼げないとしても、好きなことをやって生きていきたい――。私はマジックグッズの実演販売員になりました。

デパートのフロアの片隅。ショッピングをしているお客様に声を掛け、マジックを実演して見せて、グッズを買っていただくわけです。

これが全く売れない。マジックに興味があるお客様であれば、実演を見てくれるし、購入してくれる可能性もあります。しかし、興味がない人にとってはマジックグッズなんて無用の長物。何の役にも立たない代物です。デパートにショッピングに来たお客様の足を止め、実演し、話をし、挙句の果てに購入してもらうなんて至難の業なんです。まるで、砂漠で傘を売るようなものでした。

暇つぶしにマジック実演は見ていってくれるものの、グッズを売りつけられるんじゃないかという警戒心をみんな持っているのです。だから私の正面に立ってくれません。いつでもその場を去れるように、つま先は進行方向を向いているのです。つまり、斜めの姿勢で遠巻きにマジックを見ているわけです。

それでも何とか、お客様の心を話術でほぐしながら、マジックの実演をするわけですが、タネがありますから商品には指一本触らせることはできません。

興味がない、警戒心が強い、商品に触れさせない。そんな壁をすべて取り払って、最終的にお財布を開いてもらう。しかもマジックグッズは結構値が張る。これはかなり大変なことなんです。本当に全然売れなくて、私は毎日頭を抱えていました。

私はそのうち、暇そうな人を探し始めました。手練れのナンパ師は、どんな人を狙うか。速足の人には声を掛けても無駄です。とりあえず足を止めて立ち話に応じてくれるのは暇な人です。

目の前の急いでいる人ではなく、売り場を離れてエレベーターのほうへ行ってでも、暇な人を見つけて声を掛けるようにしました。

「安心してください。買わせようだなんて思っていませんから」

「買わなくて結構ですから、見るだけ見て行ってください。面白いですから」

私はそんな風に声を掛けました。いきなり売ることは考えず、まずは店の前に見物の人だかりを作ろうと思ったのです。

声掛けに応じてくれた人は、売りつけられることはない安心感から、正面を向いてじっくり実演を見てくれます。

私がその1人の方を相手にしていると、通りすがりの人が「なにやってんだ?」と足を止めます。もう先客が私に〝捕まっている〟わけですから、安心して少し遠めから眺めるわけです。

これでお客様は2人。それでも私は最初の1人のお客様だけを見つめて、マジック実演を続けました。最初の1人だけを見て、その人だけに話しかけるようにしました。自分はターゲットではない、という安心感を抱かせることで、見物客が少しずつ増えていきました。3人になり、4人になり、5人。ここまで来ると見物客はどんどん増えていきます。

大勢いるから大丈夫、という群集心理が働くんですね。

こうして私は集客に成功しました。〝実売〟については、のちほどお話ししますが、まずは人を集めるという第一段階を突破したわけです。

店舗で接客している方、イベントを手掛けている方、試食コーナーで働いている方……とにかく集客をしなければならないお仕事の方に参考になれば幸いです。

まずは最初の1人を捕まえること。これが肝です。一気に大勢の人を惹きつけるなんて術はありません。目の前の1人に集中し、飽きさせず、夢中にさせる努力をするのです。一人を惹きつけられれば、2人、3人と自然に数は増えていきます。1000人がこっちを見てくれる可能性が生まれる。1人の向こうに無数の人々がいるのです。

私はのちに何千人という観衆が待つステージを務めたり、あるいは何十万人という人が観ているテレビカメラの前に立つようになりました。それでもやはり基本は同じなんです。

今でも私がまず最初にやることは、自分に一番関心を持ってくれている人を見つけること。自分に対して笑顔を向けてくれている人をまず最初に1人、見つけるんです。そしてその人に語り掛け、パフォーマンスをし、夢中にさせる努力をする。相手が数えきれないような規模になったとしても、やることは変わらないわけです。

コミュニケーションの基本も真髄もすべて、1対1の構図の中にあるのです。

話がうまい人とは？

集客することに成功した私は、すぐに次の壁に直面しました。人が集まってくれたのはいいが、売れないのです。みんな実演が終わると、蜘蛛の子を散らしたように消えてしまうのです。

どうすればいいのか？　私は分析を始めました。100人集めて1個も売れない日もあれば、30人しか集まらなくても5個売れる日もある。この違いは何か？

100人が全員冷やかしであれば、ひとつも売れないのです。でも、買いたい人が10人集まれば、いくつか売れるんです。冷やかしなのか、少し買いたい気持ちがあるか。その違いを見極めることができるようになれば、結果が違ってくるのではないか。私は観察を始めました。

まず、親子連れは難しいことがわかりました。子供が興味を持って「欲しい」と言っても親がダメだというパターンが圧倒的です。

若い人もダメです。遊びに来ているだけで、お金を持っていません。

グループは1人が買う気になっても、必ず「やめておけよ」「本当に買うの?」と茶々を入れる人間が必ずいます。だから買いません。

手ぶらの客もダメです。デパートに来ているのに何も買う気がないから手ぶらでいる。私の店でも買うわけがありません。

人間観察の結果、祖父母と孫の組み合わせか、1人でショッピングに来ている手ぶらではない人が、狙い目であることがわかりました。

ただ、そういうお客様ばかりではありません。そもそもデパートに来ている人たちは基本的に、手品に全く興味のない人ばかり。そんな人たちに数千円から数万円の手品グッズを売るのなんて、世界で一番難しい商売だ。そもそも無理な話なんだ……売り上げゼロの日が続き、追い込まれていきました。

ある日。私は例によって、手品には全く興味のなさそうなおばちゃんを相手に、話しかけました。

「ちょっとひとつ手品を披露しますので、よろしければご覧になりませんか？」

「いいわよ。時間あるから」

私は実演しました。

「面白いわね。孫にひとつ買っていくわ」

「え！　本当ですか⁉　ありがとうございます！　やっとひとつ売れました……」

「なあに？　売れてないの？」

「はい。全然売れないんです。もうどうしたらいいか……」

「あなたねぇ……」

「はい？」

「あなたなんてまだいいわよ。売るものが目の前にあるんだから。私なんか形のないものを、うん千万で売らなきゃいけないのよ。こんなに難しいことはないのよ」

「どんなお仕事なんですか？」

「保険のおばちゃんよ」

「あぁ、なるほど」

「人は必ず死ぬでしょう。でも死ぬことで人を幸せにする方法がたったひとつあるの。それが保険。自分のためじゃなくて、大切な人のための商品なの。自分が死んじゃった後でも、大切な人が困らない。そこに尽きるの」

「たしかに」

私は息を呑んで聞き入っていました。

「私はもちろん、あなたもいずれ死ぬわよね？」

「……そうですね」

「想像してみてよ。あなたが死んだらどうなる？　あなたのために泣いてくれる人たちがいるはずよ。あなたはそんな人たちに何ができる？　何が残せる？」

「……いやぁ……困ったな。何もないですね」

「ふふふ。安心して。あなたに保険を売りつけようってわけじゃないの。あなたはいずれ必ず死ぬ、という未来を相手に想像させるのよ。そして相手に、奥さんや子供や孫の顔を想像させるの」

「想像……」

「イメージさせるのよ」

「ピンと来ない？」

「……はぁ、すみません」

「あなたが実演を上手にやるなんて、当たり前のことでしょ。あなた、マジシャンなんだから」

「はあ」

「大事なのは、あなたじゃなくて、私みたいな素人が手品をできるようになることでしょう？」

「はい、そうです」

「マジックのグッズを売ろうとするからダメなの。マジックという夢を売るのよ。イメージなの。その人がマジックを披露して、人を喜ばせている姿を、想像させてあげるの。たとえば一人のサラリーマンと話をするでしょう。忘年会が近々ある、という話を聞き出したら、その人が忘年会でマジックを披露して拍手喝さいを浴びている画を、その人に想像させてあげるのよ。想像ができたら絶対に買うから」

　私は雷に打たれたようなショックを受けました。ものすごく大切なことを教わりました。

話す、というのはつまるところ、相手にイメージをさせる、ということ。

つまり、**話がうまい人というのは、イメージさせる力がある人のことなのです。**その筆頭が落語家でしょう。ありありと画が浮かびます。

保険のおばちゃんから〝話すとは何か？〟を教わった私は、徐々にお客様の心を掴み、売り上げを伸ばすことができるようになっていきました。

欠点をみせてからフォローしていく

あなたの周囲に〝調子が良すぎる人〟はいませんか？　前向きな人とか、ポジティブな発言をする人、という意味ではありません。いいことしか言わない人、という意味です。

この人、いいことばっかり言ってるけど本当かな？　そんな風に疑いたくなりますよね。

そんな虫のいい話はない、何か落とし穴や欠点があるはずだ、と。世の中に完璧なものはひとつもありません。どんなに優れた人でも物でも事柄でも、絶対に弱点や欠点はあります。それをひた隠しにする人は信用できませんよね。

逆もありませんか？　**あなたは他人に対して、調子のいいことばかりを言っていませんか？　もしも思い当たる節があったら気を付けましょう。疑いの目を放置したまま、あるいは気づかないふりをして、アピールを続けていると、最終的には全く信用されなくなります。拒絶すらされます。**

私は実演販売がうまくいかなかった頃、お客様とこんな会話をしていました。

客「これ、面白いけど、結構練習しないとできないでしょ？」

私「いえ、簡単ですよ。すぐにできるようになりますよ」

嘘です。結構練習しないといけないグッズなのです。にもかかわらず私は売りたいがために、調子のいいことばかりを並べていたのです。しかし、お客様は見抜きます。だから売れなかったのです。

そこで私は欠点を見せたうえでフォローする、ということを心がけるようになりました。

客「これ、面白いけど、結構練習しないとできないでしょ？」

私「そうですね。練習は必要ですね。でもできるようになったら、絶対にウケますよ」

いかがでしょう。同じ内容の会話ですが、後者のほうがいいでしょう。

自信、情熱、信念は必ず伝わる

「で、いくらなの?」

お客様が値段を尋ねてくるのは最終段階であると同時に最大のチャンスです。欲しいと思うから尋ねてくるのです。ここでミスをしたら売れません。

「……えーっと、えっとですね。1万円です」

こんな風に間を置いたらダメです。売れません。1万円は正直高いよな……という売る側の自信のなさを見抜かれます。**即座に答えなくてはいけません。この時、値が張る商品の場合は、小さい声で言ったほうがいい。そして、すぐに次の言葉につなげるのです。**

「で、いくらなの?」

「1万円ですけども、出たばかりの新商品なんですよ。まだ出回っていません」

値は張るが、値段以上の価値がある。売る側がそう信じ込んでいなければいけません。この商品は1万円を出す価値が充分にある!　その信念と自信を持つことです。

自分が客の立場になれば、わかることですよね。商品知識がない店員や自信がなさそうな店員から買いたいとは思いません。商品のことを熟知していて、自信を持ってすすめてくる店員だったら、迷っていても買いたくなります。自信、情熱、信念は相手に必ず伝わります。

昔、こんなことがありました。とある大型イベントの目玉としてマジシャンによるショーが企画されました。主催者は何人かのマジシャンに声を掛け、ショーの見積もりを出すように言ったのです。

各マジシャンたちが５０００万円、１０００万円といった額の見積もりを出す中、とある大物マジシャンが５０００万円を提示したのです。結果、その大物マジシャンが競合を勝ち抜きました。

安ければいい、とは一概に言えないのです。価格は説得力になることもあるのです。一流ブランドは、それこそが生命線です。

商売でもビジネスでも恋愛でも、すべてのコミュニケーションにおいて不可欠なのは、自信を持って情熱と信念を伝えることです。押しつけがましくならないように、かといって謙遜しすぎず、静かに伝えましょう。

グローバル時代だからこそ日本人の国民性を理解する

販売員時代、私はマジックグッズの買い付けで海外へ行くことが多々ありました。また、ストレスで顔面麻痺に襲われて2年ほど休業した際は、ロサンゼルスでマジックを披露していたこともありました。英語は全然上達しませんでしたが、外国人と接する機会は多かったのです。

そんな経験の中で感じたのは、日本人と外国人は全く別の生き物だといっていいほど価値観が違うということです。

ですからマジックショーの内容も、コミュニケーションの取り方も、日本人向けと外国人向けを完全に分けています。

ここでひとつ、箸、ナイフ、フォークのお話をしましょう。

日本人は箸を自分と平行に置きますね。しかし外国では、箸もナイフもフォークも、自分に対して直角に置く。つまり、先端が全部相手に向かっているのです。これはいざという時に、相手を刺すためです。

農耕民族の日本人と違い、常に戦いを続けてきた大陸の人々のＤＮＡには、攻撃の遺伝子が組み込まれているのです。

日本人が箸を自分に平行に置く理由は攻撃の意志がないことと、もうひとつ理由があります。神の恵みである農作物（ごはん、おかず）と、それを食す人間との結界を表しているのです。「いただきます」と言い、箸をとって結界の向こうへ行く。そういう意味合いもあります。

落語家が目の前に置く扇子と同じですね。あれは、自分がいる舞台とお客様のいる観客席との結界を示しています。

ちなみに外国の食文化であるフォークは爪、ナイフは牙を意味します。爪と牙を使って肉を食す。じっと人の目を見つめるのも、いかにも好戦的な肉食獣を彷彿とさせます。外国は獣の文化なんです。

対して日本は鳥の文化です。中国から伝わり、日本の食文化に根付いた箸は鳥のくちばしです。鳥は魚を捕らえ、くちばしを器用に使って骨をとりますね。

また、鳥は綺麗好きで水浴びをします。日本人が風呂や温泉を愛し、潔癖なくらいに綺麗好きなのも鳥の文化を裏付けています。お辞儀も鳥の首の動きです。

箸、ナイフ、フォークという話だけでも、日本人と外国人はこんなにも違います。


挨拶にしても全然違います。日本は礼に始まり礼に終わる国ですよね。信用を築いた人間のことはとことん応援しますが、新参者には手厳しい。閉鎖的な国民性だといえます。

海外、特にアメリカは「イエー、ハロー！」とフレンドリーですね。さんざんお喋りして別れた後に「あいつ誰だっけ？」という。日本とは正反対です。どちらがいい悪いという話ではありません。全く違うということです。


ショーをやっていてもその違いは如実に感じます。外国人の第一声は「ワンダフル（すごい）！」です。日本人の第一声は「どうなってるの？」です。

外国人は目の前の出来事に素直に驚くのです。タネを推理しようとしない。日本人はまず「怪しい」と疑い、「何がどうなっているのか」を推理しようとするのです。私はいろんな国に行き、いろんな人種とコミュケーションを取ってきましたが、こんなに疑い深く、考え込むのは日本人くらいです。

マジシャンは客を悩ませよう、考えさせようとしているわけじゃありません。楽しませようとしているんですけどね。

テクニカルなマジックを得意とする島田晴夫さんは、日本よりも海外でのほうが評価が高い。これは国民性によるものです。**逆に私が海外ではなく、国内でブレイクしたのは、疑い深い日本人の国民性を逆手に取ったショーをつくったからです。**

令和の時代は東京オリンピックもありますし、ますます労働力不足になりますから、日本へやってくる外国人がもっともっと増えていくはずです。ですからみなさんも、コミュニケーションの取り方を使い分ける必要があると思います。

疑い深く、物を斜めの角度から見ようとする日本人。その国民性を理解した上でコミュニケーションの方法を組み立てていくべきでしょう。

相手の顔のどこを見れば好印象を与えられるのか

大陸の人々は古来より戦闘の歴史を歩んできました。目を逸らしたら負け。目を逸らした瞬間、何をされるかわからない。そういう歴史がＤＮＡにあるんですね。だから目を逸らさない。相手の両目をじっと見るのは〝射す目〟です。戦闘態勢の目。猫もそうですね。じっと見つめると飛び掛かってくる子がいます。

島国の農耕民族である日本人は違います。じっと両目を見ることは「喧嘩売ってるのか？」となってしまいます。ご法度です。かといって、相手を見ないのもまた失礼な話。「こっちを見ようともしない」と相手は怒ってしまいます。

だったらどうすれば失礼に当たらないか？　どこをどう見れば相手に好印象を与えられるか？

口元を見ていると、相手からすれば目よりも下への視線になりますから、「この人、目も合わせようとしない。自信がないのかな」と思われてしまう。

逆に相手の目の上、額のあたりを見ると、相手に「こいつは生意気だ」と思わせてしまいます。

眉毛よりも上を見ると、見下したような目線になってしまいます。相手に不遜、傲慢、攻撃的、挑発的といったイメージを与えます。いいことはひとつもありません。

両目と口を結んだ三角形を見よ。こんな風に教える本やマナー講座もあります。私はこれもどうかなと思います。実際に誰かにやってみてもらってください。焦点が合っていないように感じるはずです。

私は相手と話すとき、片目を見ます。片目だけを見るようにすると、見られているほうは射すような強い視線を感じなくて済みます。どうぞ、仲の良い人とお互いにやりあってみてください。実感できるはずです。じっと片目を見つめ続けるのではなく、たまに目と口の間あたりに視線をゆっくり泳がせます。

これがちょうどいいバランスだと思います。慣れるまで少し時間はかかりますが、ぜひそうしてみてください。

目と目がぶつかるから火花が出るのです。相手が強い目線を送ってきたら、受けましょう。逃げてはいけないし、やり返してもいけない。静かに受け止めるのです。それは片目がちょうどいい。

相手が見ていなかったら、こちらは両目を見てもいいでしょう。そして相手が見返して来たら、片目だけに移行するのです。

大切なことは目と目でぶつかりあって火花を散らさないようにすること。かといって逃げないこと、です。片目はいかなる状況にも有効なのです。

大人と子供の思考回路

日本人と外国人とどちらに接するかによってコミュニケーション方法を変えるべき、というお話をしてきました。ここからは日本人に絞っていきます。

私は男女比や年齢層に応じて、ステージ構成やコミュニケーション方法を変えています。

一概には言えませんが、年齢層が高い＝人生経験が豊富と考えていいでしょう。あらゆる経験をしてきていて知識も豊富ですから、ちょっとやそっとじゃ驚いてくれません。ハンカチや鳩を出すマジックには興味を持ってくれませんし、造花などの作り物やいかにも仕掛けがありそうな箱を持って行った時点で、苦笑いされてしまいます。あらゆるものを見飽きてしまっているんですね。

人生経験が豊富であると同時に先入観が強いのも特徴です。「超能力なんて絶対に存在しないことは知っているよ。御託はいいから、早く面白いことをやってごらんなさい」という目で私を見てくるわけです。子供たちは違います。素直に受け止め、驚いてくれます。

ここでひとつ、私のショーを事例に出してみましょう。ハンカチがスマホを貫通するというマジックです。

【子供とのやり取り】

子供たちにハンカチとスマホを見せます。

「はい。では今からこのハンカチが、このスマホを通り抜けますよ！　よく見ててくださいね……ではいきます！」

実演します。

「わー、すごい！　すごい！」

「ハンドパワーです」

【大人とのやり取り】

「どなたか、スマホをお借りできませんか……ありがとうございます。いい色ですねー」

大人たちは愛想笑いしてくれます。私はお借りしたスマホを指でコンコンと弾きます。

「うーん、硬いですね。ここに何かが通り抜けるなんて、絶対にあり得ないですよね？」

そりゃそうだ、という心の声をもらいます。大人たちは軽く頷きながら、静かに笑って見守っています。

「では今から、このハンカチがこのスマホを通り抜けます」

やれるもんならやってみろ、という顔でみんな見守っています。

「壊してしまったら弁償しますから……」

借主を見て呟き、軽く笑いを入れ、構えます。みんな前のめりになって見つめます。

「では…………いきます……！」

実演します。

「……おお！」

「ハンドパワーです」

いかがでしょうか。マジック内容は同じですが、話法も雰囲気づくりも全然違いますね。子供に対してはストレートに、鮮やかにいけばいい。大人に対しては言葉を尽くさなければなりません。

子供は通り抜けるところを見逃さないように、真剣に見つめています。スマホだろうが、木の板であろうが、何であっても変わりません。マジックと超能力の区別もついていないし、マリックがやるんだから通り抜けるはず、と信じてくれているのです。私がもしも失敗したら、大人はニヤリとするでしょうけど、子供たちは泣いたり怒ったりすることもあるのです。

大人は疑い深く見ています。暴いてやろう、と必死にタネを探しています。ですから私はあらかじめ用意してきたスマホではなく、見物客の一人から私物を借ります。これでスマホにタネを仕込むことはできない、ということを周知します。

次にスマホを指で弾きます。みんな当たり前に知っていることですが、改めてスマホが硬い代物であることを念押しします。そして、硬いスマホに物が貫通するなど物理的に不可能であるという、当たり前のことを再確認します。

タネがないこと（もちろんありますが）をさんざん見せて、常識的な確認作業をして、やっと世界観に入ってきてくれるのです。

「小学4年生」という境界線

子供というけど、ずいぶんざっくりしているな、とお思いではないですか？　そうです。子供といっても6歳の子と12歳の子では全く意味が変わってきます。マジックを見せた時の反応も全く違うものです。子供はどこで大人の見方に切り替わるか？　私はその境界線をこんな風に定義しています。

サンタクロースを信じている子と、いないことを知っている子です。信じている子たちは、マジックを魔法だと信じています。サンタクロースの正体が両親やおじいちゃんおばあちゃんだと気づいている子たちは、マジックをマジックとして捉えます。

私の経験上、10歳、つまり小学4年生がその分かれ目です。もちろん個人差はあります。1年生でも、ませた子であれば信じてはいない。しかし、**私の経験によるおおよその統計上では、4年生です。4年生はサンタクロースがいないことを完全に知っています。**

3年生と4年生。たった1年ですが、子供たちは驚くほど成長します。この1年間で考え方が一気に大人に近づくのです。女の子たちの初潮や、男の子たちがエッチな本に興味を持つのも、ちょうどこの境界線のあたりなのです。

だからこうも言えます。マジックは小学4年生以上の人たちを、3年生以下の時代へ引き戻すためのものだと。ディズニーランドでは大人たちも童心に返りますね。私もそんな魔法のひと時を提供したいと思っているのです。

4年生以上になると、私がマジックを披露している際、思わず手を伸ばしてくるのです。トランプを触って確かめようとしたり、箱をひっくり返してみたり。タネがあるはずだ、とわかっているんですね。そしてそれを推理して暴こうとする。手を伸ばすか伸ばさないかの違いだけで、思考回路は大人と同じなんです。

この小学4年生を境界線として、気を付けていただきたいことがあります。それは話の仕方です。

3年生以下の子供に話す際は、うんと目線を下げて、わかりやすい言葉を選んで話してあげてください。

4年生以上～大人に話す際は、4年生にわかるように話をしてください。4年生に対して、3年生以下を相手にするように話すと、幼稚になってしまいます。かといって大人に対する話し方を4年生にしても難しすぎる。たとえば「今から空中浮遊をやってみます」というと、4年生には難しいかもしれません。「今から人が浮き上がります！」と言い換えればいい。これなら1年生でも大人でもわかりますから。

私はテレビでも小学4年生にわかるように話をしていました。何が言いたいかというと、わかりやすく話すことの重要性です。

話の理解度というのは、人それぞれ違います。大人でも話が通じにくい人もいれば、中学生でも理解度の高い子もいます。しかし話す側からは、相手がどのくらい理解してくれているかはわかりませんよね。うんうんと頷いているからといって、本当にわかってくれているかどうか。

だったらどうすればいいか？　こちらができるだけ、わかりやすく話すしかありません。その基準が小学4年生という境界線なのです。

空中浮遊×
人が浮き上がる◯

貫通×
通り抜ける◯

42ページに戻ってみてください。スマホの例を出しましたが、私は「貫通」という言葉を使っていません。「通り抜ける」がベストだからです。

4年生にわかる言葉であれば、当然大人もわかります。基準を常に4年生に合わせておけば、理解度の低い人に通じない、という心配がぐっと減ります。

やたら難しい言葉を使いたがる人がいますよね。横文字を連発したり。知らないほうが悪い、とでも言わんばかりに。年配者や専門知識のない人などを置いてきぼりにするような、話し方をする人たちがいます。

専門用語でしか伝わらない部分は当然、その用語を知っている者同士において、使うべきです。しかし、専門外の方も混ざっている中では、できるだけやさしい日本語を用いるべきです。

賢い人ほど、やさしい言葉で、難しい世界をわかりやすく説明できます。難しい言葉や横文字をやたら使う人は、自分のレベルの低さを披露しているだけです。恥ずかしいからやめたほうがいい。

わかりやすく話すことは、相手を馬鹿にすることではありません。思いやりです。

持ち物を必ず女性から借りる理由

日本人と外国人の違い、大人と子供の違い、についてお話ししてきました。次は男女の違いについてです。

私はやはり、男性と女性とでは接し方を明確に変えます。男と女は全く別の生き物だからです。根本的な考え方、感じ方が全く違うのです。どちらが優れているではなく、全く別の生き物だと考えるべきです。

私はマジックをする際、常套手段があります。それは女性のお客様の持ち物をお借りするということです。

男性ではなく、必ず女性です。

「すみませんが、その素敵な腕時計をちょっとお借りしていいですか？」

財布でも、スマホでも、何でも構いません。とにかく、目が合った女性の私物をお借りしてショーをするのです。

これには理由があります。お客様の私物を借りることで、タネがないことを周知させるのが理由のひとつ。でもそれならば、男性から借りてもいいのでは？　ダメなのです。女性から借りなければいけない理由があるのです。

男性の場合は、あらかじめこちらで用意した腕時計であろうが、お客様の誰かの腕時計であろうが、自分がしている腕時計であろうが、何でも構わないのです。とにかく腕時計という物体が消えてなくなる様子を見たいのです。現象そのものを目撃したがる。

女性は違います。現象そのものに対しても興味は当然持ってくれます。しかし、それだけでは足りない。誰のものでもない、自分の腕時計が消えることが重要なのです。

女性は自分のことが大好き、もしくは自分のことを好きになりたいと願っています。自分を中心に世界が回ってほしいと思っているのです。

占いにハマるのは圧倒的に女性ですね。それは自分のことを主人公として扱ってくれるからです。

だから女性は、自分を主人公（お姫様）として扱ってくれる男性（騎士）に惹かれます。

自分に関心がない男性のことは嫌いです。眼中にも入れない。女性はみんな「私を見て」と思っています。

ここから先は男性読者向けに書きますね。

女性は「私のためにお話しして」と思っているのですから「あなたのためにお話しします」という態度を見せれば良いのです。そうすると「嬉しい」と目を輝かせます。

その際、意中の女性に語りかけるように話しましょう。恋愛感情に近い気持ちで接するんです。あなたは好きな女性に対して、丁寧に優しく話しかけるはずです。それと同じ口調、ノリで話すのです。

仕事において女性に好印象を持たれる方法と、恋愛の場で女性に振り向いてもらうのは同じことなのです。

清潔感が大切なのは言うまでもありません。威圧感はもってのほか。紳士的に接することが必須です。知ったかぶりもダメ。笑顔で、穏やかに、謙虚にです。

では具体的にどんな話をすればいいのでしょう?

人を笑わせる一番簡単な方法

相手を良い気分にさせる最短かつ最良の方法は、笑顔にさせることです。ではどうすれば人は笑顔になるか？　一番簡単な方法は、褒めることです。これは相手の年齢性別を問いません。自転車が乗れるようになった子供も、ゴルフで良いスコアを出した社長も、褒められたら絶対に笑顔を見せます。もちろん、女性も褒められることが大好きです。

かといって、褒めるというのは難しいことです。ただでさえ日本人はシャイですから、褒めるのがすごく下手な民族です。

注意しなければならないのは褒め方です。女性は褒められ慣れています。だから、おべっかやお世辞の定型文はダメです。見え透いています。思ってもいないことをヌケヌケと言うから、嘘臭いし、信用を失うのです。

だったらどうするか。本当に相手の魅力的な部分を探して見つけてください。

そしてこれだな、と思ったら素直に口に出してください。褒めるというより、素直に口に出すのです。目が綺麗だと思えば、そう言えばいい。素直に思ったことは間違ってはいませんし、相手を不快にさせることもありません。

洋服の色が素敵だと思ったら、「僕、その色好きなんです。いい色ですよね」と。**ここで「いい洋服ですね」と褒めるのは微妙です。すごくセンスのいい人に褒められれば嬉しいですが、そうでもない人に褒められると複雑な気持ちになりますよね。だから無難に色を褒める。これは間違いがありません。**

しかし、本当に「いい洋服だな」と思えば、言ってしまってもいい。嘘ではないと伝わりますから。褒め方の精度を気にするあまり、臆病になってしまっては元も子もありません。100点を狙わなくていいのです。

経験を重ねるにつれ、徐々に褒めスキルは上がっていきます。若い人で褒めるのがうまい人はめったにいません。若い人たちは自分のことに夢中で、人のことを見ていないからです。

年を重ねて、人生経験が豊かで、余裕がある人はモテますよね？　それは人のことをちゃんと見ていて、的確に褒めることができるからです。そういう人は同性からも異性からも支持されるのです。

声の強弱の重要性

マジックでは、現象が起こる前に、一瞬動きを止めます。

「ん？　何が起きるの⁉」

と一瞬思わせ、覚悟や期待を一瞬で高めて、現象を見せます。これは話術においても同じです。大切なことを言う前に、声を小さくするのです。

話が下手な人の特徴は、声に強弱がなくて平坦だということです。楽器と似ています。初心者は間違えないように弾くことで精一杯ですから、ずっと同じタッチ、同じ音量ですね。うまい人ほど強弱があって、メリハリがある。だから、うまい演奏は引き込まれるのです。

私は基本的に静かに話します。ただ、声を大きくするポイントは要所要所にあります。登場と退場の際は、小さな声ではいけません。最初と最後は大きな声が必要です。「こんにちは」と現れ「ありがとうございました」と去る。挨拶と感謝ははっきりと大きな声ですべきです。

もうひとつ大きな声が必要なのは、話の中の肝、最も伝えたい重要な部分です。一番伝えたい、大切な部分は大きめの声でアピールすべきです。

怒った表情と笑った表情は落差がありますね。声にも表情を持たせるのです。聞き手も「ああ、ここが大事なポイントなんだな。一番伝えたい部分なんだな」とわかってくれます。

逆に言えば、大事な部分以外は、静かに話したほうがいい。ずっと大きな声、小さな声を続けていては強弱がありません。静かな声で話し続けてきたから、少しボリュームを上げるだけで、重要さが伝わります。

整理しましょう。最初と最後と重要部分。声を大きくするのはこの3つだけです。あとは静かに穏やかに話しましょう。

とはいえ、これは相当難しい芸当です。豊富な経験と心の余裕がないとできません。自信がないと声は小さいままですし、アピールしたくて仕方がないとずっと声を張ってしまう。暗記してきたことを間違えないように話すことで精一杯だと、ずっと同じ声量です。

声量のコントロールはかなり難しい高等テクニックですから、焦りは禁物です。まずは口をはっきり動かすことから始めてみましょう。大きな声を出さなくても、口をはっきり動かすとよく通る声が出るようになります。その際、音節のひとつひとつをはっきり発音してみてください。

そして速く喋りすぎないことです。かといって、ゆっくり過ぎても喋りが平坦になってしまいます。この説明は難しいですね。人が快適に感じる適正スピードは、場数を踏むしかありません。

「間合い」の極意

「今日はどんなものをお探しでしょうか？」

洋服を買いに行くと、すぐに駆けつけてくる店員さんがいますよね。私はそんな風に来られると、すぐに退散します。どんなものがあるかなぁと探しに来たわけです。それをいきなり「探し物は何ですか？」と売る気満々でガツガツ来られたら、逃げたくもなります。

まだ何の心の準備もできていないのに、いきなり土足で踏み込んでくるような態度。私は大嫌いです。お客様が何を望んでいるかがわかっていないから、こういう接客になるのです。

人間と人間は距離感、つまり間合いがすべてです。近づき方、入り方、接点の持ち方。これがすべてです。どうすればいいか？

とにかく威圧感を与えないこと。真正面にどんと立たれたらどうですか？　威圧感を感じますよね。されて嫌なことはしない。当たり前のことです。

真正面は敵対の構図です。相手に攻撃の意志と緊張感を与えてしまうのです。あなたにそのつもりがなくても、構図がそうなのです。

スペースの都合上、どうしても向かい合わなければならない場合は、真正面を避けて、少し横へずれてください。

たとえば、**会社の上司や同僚後輩たちとの立ち話では、斜め前に静かに立ってみましょう。それだけでも相手に与える印象が違います。**

意中の人と食事に行く際もそうです。どのくらい親密なのかにもよりますが、テーブルを挟んで向かい合う構図は出来れば避けたほうがいいでしょう。カウンターで隣り合うのがベストです。真横はお互いに一番リラックスできる形なのです。相手にジロジロ顔を見られる心配もないし、前日にうっかりニンニク料理を食べてしまって口臭が気になっていても、息を相手に向かって吐かずに済みます。相手の目をずっと見続けるのは良くないですから、それも避けられる。**隣にいて、たまに目を合わせるのがお互いに気が楽ですし、効果的です。**

また隣同士というのは〝並んで同じ方向を見つめている〟という構図ですよね。ですから〝同士〟感が深まりやすいのです。意中の人だけではなく、友達と隣り合えば友情も深まりますし、仕事仲間や上司と隣り合えば、より打ち解け合い、結束も高まりやすくなります。

相手に選ばせる「フォーシング」

カードマジックではよく、お客様に〝選ばせる〟ことをします。

「あなたが選んだカードはすでに予言してあります」

と言って的中させると大きな拍手がいただけます。お客様が参加するマジックは大いに盛り上がります。カードを選んだ人は特に大喜びです。

人間は選びたい動物なのです。車好きの男性は、どんな車を買おうか悩んでいる時間が一番楽しかったりしますし、大好きなブランドの洋服を2着、交互に鏡に映しながら「迷っちゃう」と言っている女性は満面の笑みです。

懐石や仕出し弁当では、松竹梅の3種類が用意されていますね。一番売れるのは竹、次に松、梅は最後です。これはどのお店でも例外はありません。

松は高い。かといって一番ランクが下の梅は悔しい。じゃあ竹で手を打とう。多くの人の心理状態はこれです。お店側も竹が一番売れるとわかっていて、食材を仕入れています。うっかり松を選んでくれたら、お店としては嬉しい誤算です。

相手に選ばせる。これはフォーシングというテクニックです。私は実演販売員時代、この手法を多用していました。

「お客様、マジック歴は何年くらいなんですか?」

「5年くらいかな」

「そうですか。そうすると、これかこれがいいと思いますよ。どちらを選ぶかは、もう好みの問題ですね」

そう言いながら、目の前に2つの商品を出します。お客様は買うとも買わないとも言っていません。でも知らず知らずのうちに「買うならどっち?」というステージに誘導しているのです。

3つの選択肢はダメです。迷ってしまって決断に時間がかかります。もちろん1つもダメです。売る気が見え見えです。

どちらかを選ばせる。売り買いではなく、お客様自身が選ぶ。こうすると、買わされた感がありません。


デートも同じです。いきなり「デートしようよ」はリスクが高いです。

「水族館と動物園、どっちがいい?」

と切り出してみましょう。どっちも嫌、と言われてもいいのです。

「じゃあプラネタリウムと遊園地だったら？」

もうデートをすることは既成事実になっているのですから。もうひとつ例を出しましょう。たとえば映画です。

「今、これとこれとこれが上映しているんだけど、観るとしたらどれが好き？」

と聞くのです。

「この中だったら、これかなぁ」

「それは今週中で終わっちゃうから、急がないとね」

「そうなんだ。じゃあスケジュール確認してみるね」

デートというふるいを知らず知らず越えています。選べば行くんです。

ビジネスシーンも同じことです。企画案は1つではなく、2つ出したほうが通りやすくなります。3つ出せたら高評価をもらえます。

人生は選択の積み重ねです。「どちらにしますか？」と突きつけられると、真剣に考えて、どちらかを選ぶのです。本能なのです。

ここでひとつ、他愛ない遊びをお教えしましょう。相手の好きなものを当てる遊びです。
あなた「なんでもいいから、頭に思い浮かんだ果物を4つ書いて。何番でもいいから、大好きな果物を1つ入れておいてね」

①りんご
②バナナ
③イチゴ
④メロン

だったとしましょう。これは高い確率で2番のバナナが好物のはずです。私はこの遊びを何度もやっていますが、「2番でしょ」と答えて高い確率で当てています。正解率は8割近いと思います。

人間は2番目が好きなのです。男性は小用の際、広いトイレの中で右から2番目か左から2番目の小便器を選びがちです。これは統計学ですから、外れる場合もあります。しかし、馬鹿にできない確率で当たります。

売りたいもの、相手に選ばせたいもの、訴えたいこと、賛成してほしい内容。

そういったものを2番目に持ってくる。商品の陳列やメニュー表などでも、この2番目の法則は意外に使われています。

相手が何を選ぶかを事前に予測しておいた上で、相手に選ばせる。フォーシングをうまく使えると、主導権をとりやすくなります。

STEP 1

まとめ

- 話がうまい人とは、イメージさせる力がある人のこと
- 欠点を見せた上でフォローをする
- 相手の顔を見るときは片目をみること
- 話し方は小学4年生を基準にせよ
- 重要なこと以外は静かに話す
- 立ち話は相手の斜め前に立つ
- 人間は「2番目」が好き

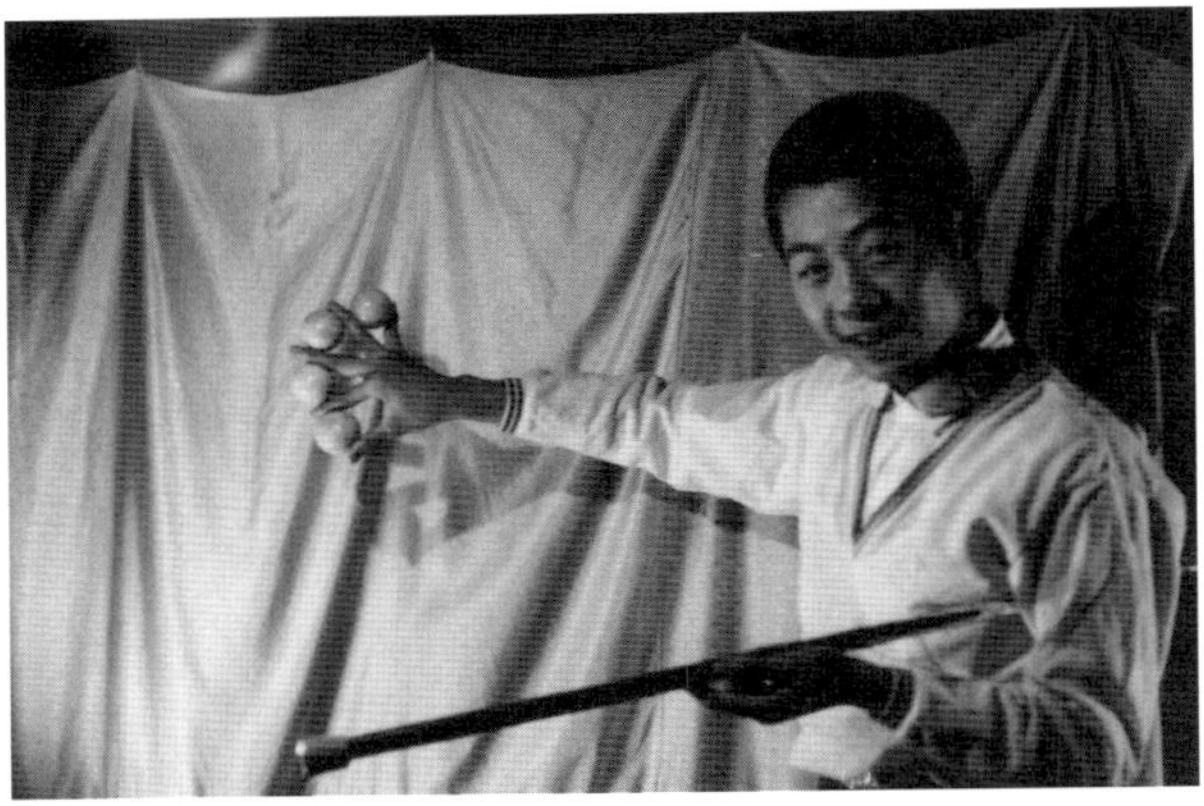

マジックを披露する少年時代の筆者

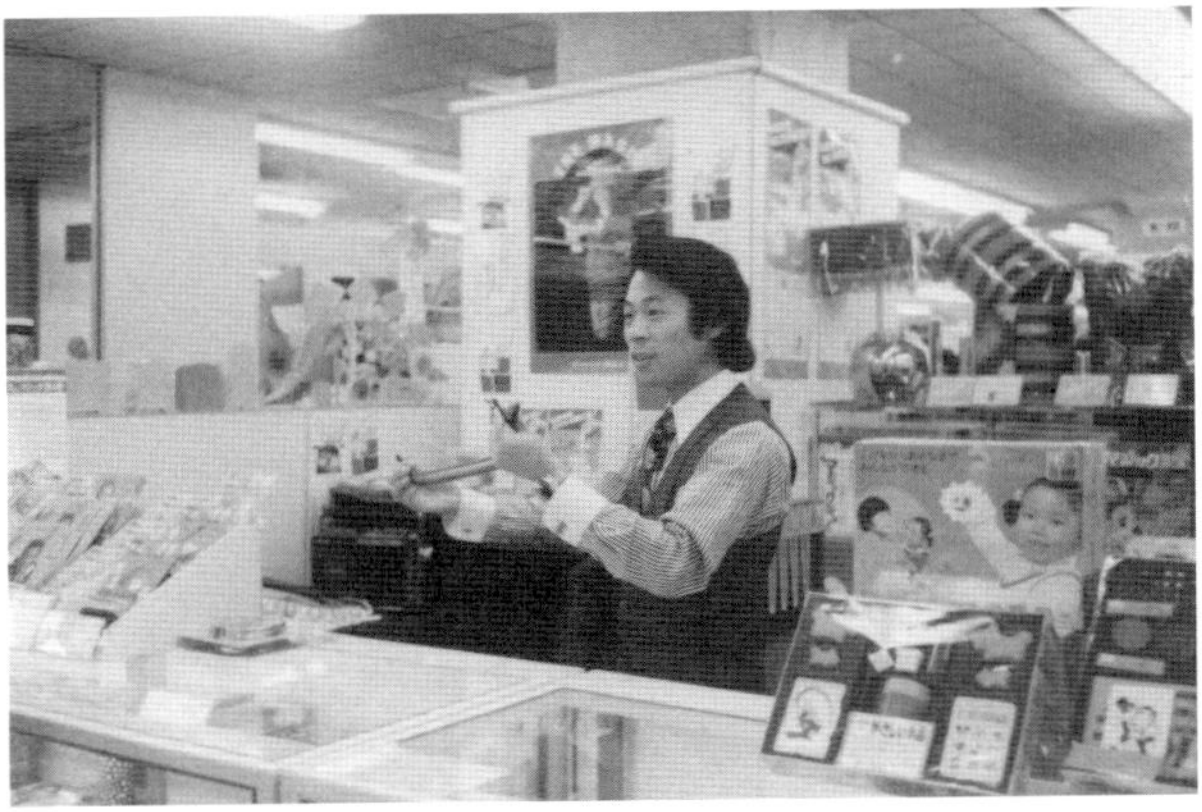

新宿伊勢丹で実演販売を行う筆者

STEP 2

ナイトクラブ営業時代に
培ったノウハウ

交渉
営業
ミーティング
に使える超魔術

1対2〜3人

のコミュニケーション

日本初の専門店をオープン

『ＳＴＥＰ２』へようこそお越しくださいました！

『ＳＴＥＰ１』は１対１のコミュニケーション術を中心にご紹介してきましたが、『ＳＴＥＰ２』は相手が２～３人となります。難易度は少し上がります。

この章では、私がナイトクラブやホテルのラウンジショーをやっていた時代に培ったノウハウを中心にご紹介していきます。では、具体的なテクニックの話に入る前に、『ＳＴＥＰ１』と同じく、私自身のことに少しお付き合いください。

実演販売でやっと結果が出せるようになってきたのですが、徐々に雲行きがあやしくなっていきました。有名デパートの一角に店を出していたのですが、目の前のカメラショップが閉店。家電量販店がどんどん力をつけていた時代で、デパートからどんどんお客さんがいなくなっていったのです。

このままでは私も危ない。デパートが苦戦し始めたのに、マジックグッズのような実用性ゼロの嗜好品は不利に決まっています。

スマホやケータイがない時代です。もちろん、メールもＬＩＮＥもありません。私のような商売にとっては顧客名簿が命でした。１０００人分貯まったらマジックショップを経営しようと、ずっと目論んでいました。

マジックグッズはデパートごとに扱えるメーカーが決まっていました。たとえばＡというデパートでは、テンヨーというメーカーのグッズのみを販売していました。Ｂというデパートではまた別のメーカー。マジック好きのお客様たちは各デパートを巡るわけです。私は以前から、ひとつの店に全メーカーが勢揃いしたほうが便利だと考えていました。自分がお客様の立場だったら、絶対にそう思うだろうと。

デパートの苦戦を受けて、私は思い切って店をオープンさせました。日本初のマジック専門店です。不安だらけのスタートでしたが、まもなく経営は軌道に乗りました。日本のメーカーだけではなく海外のグッズも仕入れに行ったり、通信販売も手掛けたことが功を奏したのです。

私は日本のマジック界のトップになってやろうという野望を持つようになり、コンベンションを開くようになりました。日本地図を真っ二つに折って開いてみたら、御前崎のところで折れていたので、御前崎グランドホテルを貸し切って、日本中からマジックファンに来場していただきました。

超魔術の原型

一方で、プレーヤーとしての活動も始めました。スナックの開店祝いや祭りの会場などの営業仕事です。

でも私のマジックは、ステッキがハンカチに変わるものではないから、そぐわないんですね。祭りの櫓の上でやってくれ、と言われても、花吹雪をまき散らしたり、鳩を出したりするわけじゃないから、みなさんに観ていただけない。これは違うなと。

自分のマジックを観てもらうのに、一番いい環境はなんだろう？　と探し始めた私は、当時品川にあったパシフィックホテルの最上階にあるナイトクラブに行き着きました。ここだ！　こういうところでこそ私のマジックは映える！　猛烈に売り込みました。

「うちは1カ月単位で歌手やバンドとブッキングしているんですよ。歌やダンスのショーが終わった後にならやってもいいですよ」

「ありがとうございます」

許しを得たんですが、ノーギャラです。楽屋もなし。バックステージの通路で準備をして、ステージに立ちました。


ところが、誰もこっちを見てくれません。お客様はほとんどがカップルで、全員、窓際に陣取って夜景を見ているんです。そりゃ、ロマンチックな夜景にマジックが勝てるわけがありません。結局5分ほどのステージを観ている人は誰もいませんでした。

私は仕方なく、テーブルのほうへ近づいていきました。

「マジック？　ここでやってくれるの？」

と、カップルのお客様は驚いていました。お客様の目の前でやるマジックなどなかった時代ですからね。目の前なんかでやったらタネがバレる可能性がありますから、マジックはあくまで観客席から遠く離れたステージの上で、派手にやるのが当たり前の時代でした。

でも、私は実演販売員時代に目の前のお客様相手にさんざんやってきましたから、自信がありました。

「ええ、目の前でご覧にいれます」

カップルの女性に指輪をお借りして、宙に浮かせたりしました。

「わー、すごい！　なんで？　なんで？」騒然となりました。

「こっちでもやってよ！」

次から次に各テーブルから声が掛かりました。


その後は、ホテルオークラで毎週レギュラー出演できるようになり、さらには六本木の会員制クラブ、クラブハウス33（サントリーとワタナベプロダクションが共同経営）で7年間やりました。テレビ関係者が多く出入りする場所です。勝新太郎さんやテリー伊藤さんなんかもいらっしゃってました。勝さんなんか、すごくチップをくださいましたね。

ホテルのラウンジショーをやるマジシャンがいるらしい——。そんな話がマスコミ関係者に知れ渡っていき、私はテレビの世界に足を踏み入れることになっていったのです。この続きは、また次の章で。

目の前の2、3人の方とコミュニケーションを取りながら、じっくり見せる。現在の私のショーの原型は、この時代につくられたものです。

実演販売員時代に多々経験した1対1でのコミュニケーションではなく、2、3人を同時に相手するのは、さらなるスキルの向上が必要とされました。その経験を踏まえて、さまざまなコミュニケーション術をお教えしようと思います。

この章でお教えする内容はすべて、1対1にも使えます。『STEP1』で学んだことを実践しつつ、もう少し高度なこの『STEP2』の技術を足していくイメージと捉えてください。

メインターゲットの決め方

「ちょっと右手の手の平を出していただけますか？」

そう言われたら、あなたはどんな反応をしますか？

・「はい」とすぐに手を出してくれる人。
・「……いいけど」と間があってから、恐る恐る差し出す人。
・「どうして？」と注意深く尋ね、なかなか差し出さない人。

相手が3人いたら、3人とも違う反応を示すかもしれませんね。**私はナイトクラブの営業時代、間がある人や理由を尋ねてくる人ではなく、すぐに手を出してくれる人をターゲットにしてショーを進めました。**

相手が2人でも3人でも、まず最初にメインターゲットとなる1人を決めるのは必須作業です。

疑い深い人よりも、信じやすい人。ひねくれた人よりも素直な人。ノリの悪い人よりもノリがいい人。めったに笑わない人よりよく笑う人。コミュニケーションをとりやすいのはどちらなのかは、はっきりしていますよね。

問題は、目の前にいる相手が、どういうタイプなのかを見極めることです。どうすればわかるか？　一番手っ取り早い方法は、一言褒めてみることです。

「スーツの色、素敵ですね」

「珍しいデザインの靴ですね、初めて見ました」

その時の反応を見てください。褒められたにもかかわらず笑顔を見せない人は、疑い深く、ガードが固い人です。あなたとの間に、見えない壁を作っている人です。協力者にはなりにくい。

弾けるような笑顔を見せてくれたり、照れながらも「そんなことないよ」なんて嬉しそうに謙遜するのは素直な人です。あなたの協力者になりやすいはずです。

相手が2、3人いる場合、タイプを見極めることと同時にパワーバランスも知っておきたいところです。

Aさん、Bさん、Cさん。3人の前で冗談やジョークを言ってみたとします。

Aさんが笑いました。Bさんが続いて笑いました。Cさんが少し遅れて笑いました。

この場合、BさんはAさんが笑うのを確認してから笑っています。CさんはAさんとBさんが笑ったあとに、笑っています。

A＞B＞Cというパワーバランスが見えてきます。

では誰をメインターゲットにして、コミュニケーションを取っていけばいいか。Aさんです。
たとえば**交渉や営業などビジネスシーンであれば、パワーバランスの頂点にいるAさんを説得し、落とせばいい。Aさんが「わかった」と言えば、BさんもCさんも従います。**

合コンでも同じです。3人組の主導権を握っているAさんの機嫌次第です。Aさんが退屈したり、へそを曲げたりしたら、みんなすぐに帰ってしまいます。場を盛り上げる際には、Aさんの好みに合わせるのが賢明です。

このようにメインターゲットを決めたら、1対1でのコミュニケーションテクニックを投入していけばいいのです。

最初の声掛けは「イエス」としか答えようのないものを

1対1ではなく、相手が2~3人になった際に戸惑うのは、第一声です。誰に何を、どう声を掛ければいいのか、悩むところです。

この話題で入っていくと、Aさんは面白がってくれるかもしれないけど、Bさんは軽く怒りを覚え、Cさんは頭の上に「?」が浮かんでしまうかもしれない。あの話題で入っていくと、逆にAさんが機嫌を損ね、Bさんは無反応、Cさんは笑いだすかもしれない……こんな風に考え出したらキリがありませんし、正解はありません。いきなり3人同時に心を掴むなんてことは絶対に無理です。

奇をてらったり、いきなり面白いことをかまして掴む、なんてのはプロの芸人さんでもない限りリスクが高すぎます。話が進んでいく中で、徐々に相手の心を掴んでいけばいいのです。

では最初の声掛けは、どうすればいいか？　最大公約数を目指しましょう。好かれたり、ポイントを上げたりは無理かもしれないけど、嫌われはしない方法はあります。

無難でいいんです。みんなで共有できる当たり前の話からスタートすればいい。もっと詳しく言えば、相手が絶対に「イエス」としか答えようのないことです。

たとえば天気です。今にも雪が舞いそうな冬の朝。

「今日は冷えますね！」

これに相手は「ノー」とは言えません。仮に相手が、

「昨日のほうが寒くなかった？」

と言ってきた場合でも、

「確かに昨日も寒かったですね～」

と答えれば問題ありません。

「東北の生まれだから、こんなの大したことないよ」

と相手が言えば、そこから話も膨らみます。天気の話は誰も傷つけず、最も無難な話の切り出し方の代表格です。


話の入口は、好き嫌いが分かれたり、意見の対立が生まれそうな話題を避けるのが賢明です。**相手と一緒に頷き合い、同じ気持ちを共有しているもの同士である、という雰囲気をつくっていくのです。**ですから、

「ジャイアンツが最近調子悪いですね。まいっちゃいますね～」

というのはダメです。相手が巨人ファンで、なおかつ面識もある人に限ります。みんながみんな巨人ファンではないですし、野球に興味がない人もたくさんいるわけですから。

「駅前のラーメン屋、行列できてますけど、言うほど美味しくないですよね？」

もダメです。だったら、

「もうすっかり冬ですね。鍋が恋しい季節になってきましたね」

というほうが共感を得やすいです。

私は地方で仕事がある時などは、お客様に対してこんな風に話を切り出します。

「いやー、本当に冷えますね。今日は寒い中、お越しいただいてありがとうございます」

これはもう100％「ノー」と言わせない声掛けです。

なぜ〝ジェスチャー〟は必要なのか

1対2〜3人はもちろん、1対1であっても1対大多数であっても、コミュニケーション時に欠かせないのはジェスチャーです。

私はマジック専門店を経営していた頃、何度も海外へ買い付けに行きましたが、英語は上達しませんでした。でもビジネス上で不便を感じたことはありません。片言とジェスチャーで話は通じました。

一生懸命身振り手振りをすれば、伝わるものなんですね。こちら側の熱意を、理解しよう、汲み取ろうとしてくれるからです。人は本能的に、一生懸命な人や熱意のある人を放っておけません。情熱にほだされるのです。

たとえばダムを見学した人が、その大きさに驚いたという土産話をするとします。当然、手でその実際の大きさを表現できるわけはありません。しかし、

「こんなに、こーんなに！　ほんとに大きかったんだよ！」

とジャスチャーを交えて話すと、その人がいかにダムの大きさに感動したか、驚いたか、という気持ちが伝わります。

ジェスチャーが抜群にうまいといえば、落語家です。話術が一級品であるのはもちろんですが、彼らは身振り手振りが抜群にうまいのです。両手に加え、扇子や手ぬぐいを使って、さまざまなジェスチャーをします。お茶を飲んだり、蕎麦をすすったり、腕まくりを

して喧嘩をしたり、恋する乙女の心情を指先のわずかな動きだけで表現することもできます。ジャスチャーは話を立体化させるものですから、聞き手の想像力が膨らむのです。

彼らのようなプロのレベルを目指す必要はありませんし、できてしまったら彼らの商売はあがったりです。うまくやろうとしなくていい。両手を大きく使って動かすだけでいいのです。

落語家のようなプロは、話を立体化させるためにジャスチャーを使いますが、我々は相手に熱意を伝えられればいい。「あなたとこの感動を共有したい」という一生懸命さを相手に伝えるものなのです。

一生懸命さが手に出るのです。そして人は、一生懸命に話す人を無視できません。逆に、いい加減に話す人の話を聞こうとは思いません。

私は若手のマジシャンたちを見極める時、彼らの身振り手振りを見ています。

つまり、熱意がどれだけあるかを見るのです。熱意こそがお客様を惹きつけるからです。いくら器用でも、熱意がないマジシャンはお客様に絶対に支持されません。

手のポーズなし

手のポーズあり

右の写真を見てください。同じ人物の写真でも、手が写っているものと写っていないものでは、ずいぶん印象が変わるでしょう。手が入っていたほうが迫力があるんです。にっこり笑った顔のアップもいいですが、笑顔にピースサインが加わると、より強く喜びや楽しさが伝わってきます。手は人の心理状態を雄弁に語るのです。

手には、人に熱意を伝える力があります。どうぞ、手を積極的に使ってください。

興味を誘導する倒置法

同じ内容を伝えるにしても、話し方によって印象は大きく変わります。何度も言っていますが、コミュニケーションにおいて一番大切なことは、相手に楽しんでほしい、喜んでほしいという気持ちです。ですから、早く続きを聞きたくなるような、興味を持つような話し方ができたらいいですよね。

興味を誘導する話し方というものがあります。ひとつ例を挙げましょう。1枚のレースの袖があるとします。この見た目はなんの変哲もない、白いレースの袖について、2種類の話し方をしてみますね。

①「チベットの聖地・ラサにブラバスキーという霊能者が住んでいました。亡くなった日に着ていたドレスの袖を、今日持って参りました。これがそうです」

②「これはドレスの袖です。これはチベットの聖地・ラサに住む、ブラバスキーという霊能者が、亡くなった日に着ていたドレスの袖です」

どちらが興味を引きますか？

①の場合は、霊能者のこと、霊能者が亡くなっていることを話してから、実物を見せています。②の場合は、まず実物を見せるんです。そのあとに、このレースの袖がいわくつきであることを説明しています。

見た目は普通のレースの袖ですから、興味を持たせられるかどうかは話し方次第なのです。①の場合は、先に説明を全部したあとで、何の変哲もない現物が出てきます。気味の悪い話をしたあとですから、聞く人によっては血染めのものを想像した人もいるかもしれません。でも、普通のものが出てきた。ちょっと拍子抜けしますよね。

②の場合は、先に現物を見せて「ただのレースの袖がどうしたの?」と相手に思わせています。人によっては「ちょっと見せて。綺麗なレース柄ね」と手に取る人もいるかもしれません。**普通のものであることを意識させておいて、物語を話すのです。聞き手は「え……」と息を呑むはずです。明らかに袖を見る目が変わるでしょう。**

効果的な倒置法によって、興味を誘導するのです。

もうひとつ、ビジネス的な例で検討してみましょう。あなたが取引先から、図面と計画案について説明を受ける場面です。

「これは、半年前から進めていた○○○の件の、正式な図面と計画案です! つい昨日、出来上がったものです」

「半年前から進めていた○○○の件ですが、昨日ついに、正式な図面と計画案が出来上がりました。こちらです!」

あなたはどちらがそそられますか？　どちらにより期待感を抱きますか？　どちらも同じ図面と計画案ですし、言っている内容も同じです。ですが、話し方でガラッと印象が変わるのです。

レースの袖のように、現物のインパクトが薄いものは、先に見せてしまってから「実は……」と説明したほうがいい。

図面と計画案のような、手間暇をかけてきた自信作は、先に物語を語って、相手を焦らすくらいにしてから、「これです！」とぶつける。

大したことのないものは、先に見せて後からの説明でじわじわ肉付けする。自信のあるものは先に説明をしてから、満を持して披露する。

経験が必要な難しいテクニックですが、意識しながら話をしてみてください。

暗示話法

「勉強しなさい！」

親に言われて反発した思い出は、たくさんの人にあると思います。人はやらされること に抵抗を覚えます。やらされることを嫌い、反発します。

「これをやりなさい！」

と命令されたら、誰でも面白くありません。

一方、柔らかく
「これはできますか？」

と尋ねられれば、すぐに拒絶することはありません。少し考えた挙句に「ノー」か、嫌 でなければやってくれるでしょう。

では、実際にやってくれたとしましょう。

「ほら、できたよ」

「ああ、できましたね。じゃあこれはどうですか？」

「うん、できるよ」

「いいですねー。でもこれは？」

「問題ない。できるよ、ほら」

「ああ、すごい。これもできるんですねー」

このように、どんどんやらせることができます。「やりなさい」という第一声であれば、一度もやってくれなかったかもしれません。できますか？　と柔らかく問うたことで、何度でもやってくれる可能性があるのです。


命令や強制ではなく、自発的にやらせるのです。無理やりではなく、納得した上で自発的にやってもらうんですから、実に平和で前向きな方法じゃないですか。

「できた」

「できた」

「できた」

と成功体験を積み重ねさせていくのです。そうすることで、どんどんこちらの世界に引き込んでいく。これが暗示話法です。

お気づきだと思いますが、これは幼児に対して親が知らず知らずやっている手法です。**ご飯やトイレのトレーニングの際、親は子供を褒め、ひとつひとつ成功体験をさせながら、次のステップへ促します。**

暗示話法は子供だけではなく、大人同士でも、恋愛でもビジネスでも有効なのです。催眠術師もこの手法を巧みに使って、トランス状態へ誘います。

「肩の力を抜けますか？　はい、はい、そうです。抜けましたねー。さぁここでもう一度深呼吸をしましょうか？　はい、そうです。大きく、そうです、いいですねー」

この暗示話法というのは、使用する際には注意が必要です。霊感商法などで悪用されている例もあるからです。みなさまにはぜひ、人を笑顔にする、喜ばせる方向でお使いいただけたらと思います。

リセットする勇気

ちょっと実演販売員時代の話に戻ります。販売員を始めた当初は全然売れなかった、というお話をしました。

やがて店頭に見物客を集めることには成功したのですが、実売に結びつかずに悩みました。言うまでもなく、商売の最終的な目的は注目を浴びて人を集めることではありません。商品を売ることです。どれだけ人を集めても、売れなければ苦労も水の泡。１０００人集めても、１個しか売れなかったら失敗。１００人集めて10個売れたほうが成功です。

当たり前のことなんですが、私は最初のうち、このことがわかっていなかった。とりあえず人を集めよう集めようとしました。もちろん、集まった人全員に売れるなんて思っていません。でも一人でも多く人が集まれば、売れる確率が上がると思ったのです。でも終わったら、サーと引き潮のようにいなくなってしまう。「ああ、面白かった」で終わってしまっていました。みんな冷やかしだったのです。

精一杯実演をして、1つも売れない。体力と気力を消耗するばかりの毎日に、私はひとつの決断を下しました。**たとえ100人集まっても、冷やかしばかりで時間の無駄だと思ったら、**

「はい、以上です」

とリセットし、解散することにしたのです。せっかく集めたお客様をリセットすることは勇気がいることでしたが、そうしなければ本当に時間の無駄なのです。

主役はお客様ですが、主導権はこちら。これを忘れると、いつまでも「次を見せてよ」というお客様の声に従い続け、ボランティアになってしまいます。

商売とボランティアは違います。売らなくちゃ生活できない。ニコニコしている八方美人では食べていけないのです。

ひとつの集合体を目の前にして、リセットするのは勇気がいります。でも目的を遂げるためには、時として勇気を出さなければなりません。

たとえばあなたが自分の部署で、みんなに招集をかけてミーティングしたとします。でも社員やアルバイトたちが全く集中する気配がなければ、

「話し合っても無駄だね。仕切り直そう」と、**リセットする勇気を持つことです。目的が見えないダラダラとした時間は、害悪でしかありません。**

あなたの思い切った決断は、周囲に響きます。社員やアルバイトたちは「ああ、怒ってるな。ちゃんとしなきゃ」と危機感を持ちます。

午前中のミーティングをリセットして、午後に仕切り直してもいいのです。そちらのほうが絶対に効果があるはずです。

待遇を気にしたら終わり

私はどんな仕事の依頼をいただいても、最初にギャラを聞きません。ずっとあとに振込まれてから「ああ、あの仕事はこのギャラだったのか」と気づきます。

人はえてして最初にギャラを聞いてしまうと、そのギャラに見合ったパフォーマンスしかしません。頑張りすぎると損だと思ってしまうのです。

画家に「10万円置いていきますから、何か描いてください」と頼むと、そういう仕上がりになるんです。「完成した絵を見て、値段を決めます」と言うと、画家はすごい作品を描き上げます。

たとえばこのプレゼンが通ったら、自分がどれくらい出世するか、給料が上がるかなど、己の待遇を気にしたら、もう終わりです。

自分のことだけでなく、自社の利益を想像するのも良くないです。会社のことになると事前の損得計算は当然しなければなりませんが、利益やメリットがわかったら、あとは一切考えないことです。

ベストを尽くすことだけを考える。営業だったら、相手を笑顔にすることだけに専念する。プレゼンでいえば、目の前の人たちを喜ばせることだけを考えましょう。いい結果がついてくるはずです。

長編よりも短編の連続を

私の仕事は〝飽き〟との戦いともいえます。エンターテインメントという生業は、いかに見る者聞く者を飽きさせないか、が大命題です。

人を飽きさせないコツ、をよく尋ねられます。私が気を付けていることは、同じ種類のことを連続しない、ということです。

マジックは出現、消失、変化、浮揚、貫通、透視、予言など、さまざまなジャンルの現象を見せるものです。何かものを浮かせたとしましょう。その次にまた何か別のものを浮かせるマジックを続けてはいけません。次は壁に何かを貫通させたり、何かを消したりと違うジャンルの現象を見せるのです。人は同じものが連続すると飽きるのです。

話も同じです。同じような話を続けていると、聞いている人はあくびをしてしまいます。次はどんな話が来るんだろう？　とワクワクさせるような話し方が理想です。

そのためには一連の話をストーリーにしないほうがいいかもしれません。練りに練られた、上質な推理小説のような面白いストーリーであればいいのですが、先の展開が読めてしまうような安易なストーリーだったらマイナスです。やめたほうがいい。

聞き手は「次はこの話題だろうな」と先回りして予想し、「やっぱりそうだ」と答え合わせをします。それが2、3回続くようだと「もう先は読めた」と聞いてくれません。

校長先生の話をちゃんと聞いている生徒、いますか？　いません。あれは話が長いうえに、先の展開が読めるストーリーだからです。生徒たちは飽き飽きしているのです。ですから、**ひとつの話をひとつのストーリーで長く話すのは危険です。超短編をたくさん用意したほうがいいのです。小話の連続のようにして話したほうが飽きが来ません。次は何の話題だろう？　と聞いてくれます。**

どうすれば自信を持てるか

私はよく人から「どうしてそんなに自信満々でパフォーマンスができるのか？」と聞かれることがあります。私はいまだに緊張しますし、堂々と演じようと自分に言い聞かせているだけです。

ではここでは、どうすれば自信を持てるか？　というお話をさせていただきます。

冒頭でもお話ししましたが、私は内気でほとんど喋らず、クラスでも全く存在感がないような子供でした。マジックに出会ったことで他人とのコミュニケーションが楽しくなり、上達するたびに自信もついていきました。

何かひとつでも自信がつくと、急に人と話すことができるようになるものです。自分が好きなもの、夢中になれるものを見つける。そうすれば、少なくともそのことに関しては人よりちょっと詳しいぞ、ちょっとできるぞ、という自信に繋がります。

私は好きが高じてマジックの世界に入りましたが、その昔、マジックというのは弟子入りして師匠から技を学ぶものでした。今でもそういうスタイルのマジシャンはいます。それを否定する気はありませんが、私自身は誰かの弟子になろうという発想は微塵もありませんでした。

マジックの世界には茶道、華道、日本舞踊のように流派があります。弟子は師匠の技を学び、受け継ぎます。師匠と同じクオリティでショーができるようになると一人前、というわけです。

私はそれに疑問を持っていたのです。辛辣な言い方をすれば、演者が変わっただけで、内容は全部一緒じゃないかと。受け継ぐと言えば聞こえはいいけれど、振り付けや所作も一緒だなんて、コピーじゃないかと。

もちろん伝統を受け継ぐことは大切なことです。でも私が見てきた多くのマジシャンたちは、伝統を受け継ぐだけで、オリジナリティが全然なかったから面白いと思えなかったのです。

落語や歌舞伎といった伝統芸能、陶芸や染物などの伝統工芸の世界には、伝統を受け継ぎつつ、オリジナリティを加えた新しい挑戦をし続ける人たちがいます。創作落語もスーパー歌舞伎も挑戦です。好き嫌いは観る人に委ねればいい。大切なのはオリジナリティへ挑戦する姿勢だと思うのです。

私がもしもどこかに弟子入りして師匠の芸を受け継いで、というやり方だったら、今の私のスタイルはなかったと思います。私が観客として感動したマジックは、その技を考えて生み出した人がやる場合のみです。師匠の技をそのままコピーした弟子のマジックで感動することはありません。同じマジックはやる人間は2人はいらない。歌と同じです。やっぱりカバーじゃなくてオリジナルが一番なんですよ。

カバーは絶対にオリジナルを超えることができない。自分で考えて生み出したものでしか人を感動させることはできないと強く思うのです。

思い入れが違うんです。人に伝えたい思い、その熱量が全然違う。パワーがこもるんです。だから人を感動させることができる。観客の立場からすると、そういう芸に出合った時は幸せな気持ちになりますよね。すごいものを見ることができた、と。

人を感動させるというのは、やり方を一通り覚えることや、話術を一通り身に付けることではありません。こんなの初めて見た！　聞いた！　という新鮮な感動を呼ぶのは、オリジナリティです。

人真似ではないオリジナルだから、自信が生まれます。本家と比べられる心配がありません。だって唯一無二なんですから、誰にも負けようがない。

逆に言えば、**誰かの真似だから自信が持てないのです。本家と比べて劣る、という恐れと引け目があるのです。自分だけのやり方を見つけられれば、自信を越えて使命感すら出てきます。**なかなか難しいことですが、オリジナリティへの挑戦は、私はずっと続けていきたいと思っています。

自分だけのやり方を見つけたにもかかわらず自信を持てないのであれば、それはやはり努力不足も大きな原因だと思います。たとえばプレゼンに臨む際も、何を話すか？　どんな資料をどんなタイミングで提示すれば最適か？　そういった手順をしっかり覚えていないから不安になる。学生たちのテスト勉強と同じです。充分に勉強してしっかり暗記してきたと思えれば、自信を持って本番に臨めますよね。

人前に立つというのは緊張と不安に襲われるものです。解消するには自信を持つしかありません。もうこれは何度も何度も練習して、頭というより手と口に覚え込ませるしかないのです。

実は私は器用ではありません。謙遜ではなく、むしろ不器用なほうだと思っています。でも私は眠っている時間以外、いや夢の中ですらマジックのことを考え続けています。何時間でも部屋にこもって練習します。夢中になって打ち込むことで、少しずつ自信が育ってくるのです。

あとは、自分に成功体験を与えることです。いきなり多くのこと、難しいことをこなそうとしても無理です。**少ないこと、難しくないことをしっかりこなしていく。徐々に数を増やしていき、難易度を上げていくのです。**

ひとつひとつクリアしていく自分を確認していくこと。これも自信を持つために大切なことだと思います。

実際にビジネスの現場で役立っている例

私がこの本を出版するにあたり、一人の男性がコメントを寄せてくれましたので、ご紹介したいと思います。

彼は大学生当時、私が経営していたマジック専門店で、スタッフをしてくれていました。大学卒業後は、日本ＩＢＭに入社し、トップセールスマンになりました。ＳａｌｅｓＯｆｆｉｃｅｒという称号を得て、クリスタルガラスのトロフィーを贈呈されています。

現在、彼はＩＢＭを退社して独立し、ＩＴ系企業の社長を務めています。数千人の営業マンたちの頂点に立った実績を持つ彼は、私のコミュニケーション術を使っているといいます。

この本でみなさんにご紹介しているテクニックを、生き馬の目を抜くビジネスシーンでいかに活用したのか。彼のコメントを以下にご紹介します。

＊＊＊

僕は大学生当時、先生の鮮やかなマジックに憧れてショップスタッフをしていたんですが、今思えば、マジックそのものはもちろん、先生のコミュニケーション術に感銘を受けていたんだと思います。

忘れられない思い出があります。あるネタ（マジックのアイテム）を二つ買ってしまったことがあります。全く同じネタなのに、先生の魅せ方が全然違っていたから、別のネタだと思い込んでしまったんです。

先生の凄さは、プロのマジシャンなら誰でもできるような基本的なマジックであっても、話術やジェスチャー、間の取り方、声の強弱などを駆使した雰囲気作りで、超魔術にみせてしまう力だと思います。

ＩＢＭでトップセールスを記録した時には、自分がどんなコミュニケーション術を駆使していたのか、わかっていませんでした。

退社し、独立し、社長として部下を持つようになってから、ふと気づいたんです。尊敬する上司や有能な同僚などではなく、僕はマリック先生の真似をしていたんだなと。そう気づいた時には愕然としました。

声のトーンを変えることも、間の取り方も、全部先生の真似。営業職は物やシステムを売るんじゃなくて、夢を売ること。これを買うといかに未来が楽しくなるか、というイメージを売ること。この考え方も先生から教わったものです。

僕が先生のコミュニケーション術で印象に残っているのは、クレーム処理です。

あるイベントでのことです。すごい人数のお客さんが集まってくださったんですが、会場が狭くて完全なキャパオーバー。すし詰め状態になってしまって、みなさんの不満が爆発し、会場は騒然となっていました。怒号が飛び交う中に先生が現れました。

「本当に狭いですね。これは息苦しいものです。不快な思いをさせてしまい、本当に申し訳ございません」

先生はまず、みなさんの不快な思いに共感の意を示し、即座に頭を下げて謝罪しました。これで一旦、怒号は止みました。次に先生はロジカルな説明を始めました。

「なぜこのような事態になったのか、経緯をご説明いたします。本来であれば、キャパシティどおり、定員で開催する予定でありました。しかし、予想外にたくさんの方から問い合わせをいただき、うちのスタッフが誰一人漏らさず、皆さまに来ていただきたいと、無理をしてしまいました。それでこのような事態となってしまったわけです」

こうしてわかりやすい説明をした後、すかさずフォローです。

「監督責任は私にあります。お詫びに今回の入場料は全額お返しいたします」

会場は静かになりました。そして先生は控えめな笑顔を見せて、

「とはいえ、こうしてせっかくお集まりいただきましたので。本当はもう少し先に発表する予定だった、新作がございます。それを今から少し披露させていただいてよろしいでしょうか？」

ブーイングは完全に止み、先生に対する励ましの声や拍手まで起こりました。

会場がパニックになってから、たぶん3分も経っていないと思いますが、先生は完璧なクレーム処理で、逆に拍手を浴びていました。僕は感動しましたね。

こういった先生のコミュニケーション術を盗んで、のちにトップセールスを記録することができたんですが、営業マン時代、たとえば、こんな営業トークをしていました。

「ＩＢＭのパソコンを買ってくれませんか？」

という話し方では絶対に売れません。

「御社の売り上げの10％分の仕事を、新しく一緒に考えませんか？」

という言い方をしていました。

また、交渉の最終段階に入りそうなところで、相手がまだ契約を結ぶかどうか迷っている場面では、こんな言い方をしていました。

「では、製品はどこの倉庫に入れましょうか？」

と、もう契約は決定している前提で話を進めてしまうのです。日本人は直接的な表現よりも、間接的な表現が好きなんです。

外国人は全然違います。例えば華僑などの中国系の方々には、うわべのやり取りは通用しません。

「私と組めば、あなたはこれだけ儲かる」

と言うのもＮＧです。調子のいいことを言っている、と信用してくれません。

「あなたと組んで仕事をすると、私は１億儲かるんですよ。だからあなたと組みたい」

そう言うんです。すると、

「あなたは正直な人だ」

と笑顔になって、握手を求めてくる。儲けようとしている人は裏切らない、という哲学があるんですね。

日本人と外国人は全く違うということは、当時外国人を相手に買い付けをしていた先生から学んだものです。

あと、先生から学んだことで印象的だったのは、「間の取り方」です。僕はいろんなビジネス書籍を何冊も読んできたんですが、間の取り方に関して明快な答えをくれる本には、出合ったことがありません。ショップスタッフ時代に、先生から直接学んだことが武器になりました。

僕が意識している、ごく簡単な方法があります。相手が話してきて、それに対して答える際、心の中で「１、２」とカウントしてから口を開くんです。これだけで、相手に与える印象が激変します。この人はわかってる、この人はちゃんと考えて私と面と向かってくれている、という印象を与えられるんです。

相手が言い終わるか終わらないうちに返事をしてしまうと、余裕がない、せっかち、自信がない、話を聞いていない、と思われてしまいます。

人はみんな、自分の話を聞いてほしいんです。だから聞き上手な人のことが好きなんですね。「1、2」とカウントする間は、これです。話を聞いているという印象を、相手に与えることができる2秒間です。


先生から学んだこと、盗んだことは他にもたくさんあります。今回、そういった内容が一冊の本になるというのは、読者の方が羨ましいです。僕は当時スタッフとして5年間かけて学んだので。先生から直接学べたことは幸せでしたけどね。

（株式会社ウルトラエックス　服部達也）

＊＊＊

いかがでしたでしょうか？　ちょっと持ち上げすぎなところもあって恥ずかしいのですが、私のコミュニケーション術が、彼の後のビジネスに生かされていたことを知って、嬉しかったですね。

みなさまにも、余すところなくお伝えしたいと思っています。次章の『STEP3』へ、どうぞお進みください。

STEP 2

まとめ

・最初に相手のパワーバランスを見極めよ
・声掛けで無理に面白いことを言おうとしない
・一生懸命さは手に出る
・インパクトのないものは先に見せる
・リセットする勇気も大切
・話す内容は「短編小説」の連続を

ナイトクラブ営業時代の筆者

マジック専門店開業時の筆者

STEP 3

テレビ時代に
培ったノウハウ

会議
面接
プレゼン

に使える超魔術

1対数人〜十数人

のコミュニケーション

私がブレイクした理由

『STEP3』へようこそお越しくださいました！

『STEP1』は1対1、『STEP2』は相手が2~3人という状況でのコミュニケーション術をお教えしてきましたが、『STEP3』は相手の人数も難易度も上がります。会議、面接、プレゼンといった場面に有効な、よりビジネスユースなテクニックと捉えてください。

その前に、例によって私自身の話に少しお付き合いください。

ホテルのラウンジショーをやるマジシャンがいる――。そんな話がマスコミ関係者に知れ渡っていき、私はテレビ出演することになりました。大阪の番組です。『超能力マジック』という、おかしなタイトルでした。

カメラリハーサルをやったんですが、いくつものカメラがあらゆる角度から私の手元を撮っているわけです。タネが全部見えてしまっていました。

郵便はがき

お手数ですが
切手を
お貼りください

1 5 0 - 8 4 8 2

東京都渋谷区恵比寿4-4-9
えびす大黒ビル
ワニブックス 書籍編集部

お買い求めいただいた本のタイトル

本書をお買い上げいただきまして、誠にありがとうございます。
本アンケートにお答えいただけたら幸いです。
ご返信いただいた方の中から、
抽選で毎月5名様に図書カード（1000円分）をプレゼントします。

ご住所 〒

TEL（ - - ）

（ふりがな）
お名前

ご職業

年齢 歳

性別 男・女

いただいたご感想を、新聞広告などに匿名で
使用してもよろしいですか？ （はい・いいえ）

※ご記入いただいた「個人情報」は、許可なく他の目的で使用することはありません。
※いただいたご感想は、一部内容を改変させていただく可能性があります。

●この本をどこでお知りになりましたか?(複数回答可)

1. 書店で実物を見て　　2. 知人にすすめられて
3. テレビで観た(番組名:　　)
4. ラジオで聴いた(番組名:　　)
5. 新聞・雑誌の書評や記事(紙・誌名:　　)
6. インターネットで(具体的に:　　)
7. 新聞広告(　　新聞)　　8. その他(　　)

●購入された動機は何ですか?(複数回答可)

1. タイトルにひかれた　　2. テーマに興味をもった
3. 装丁・デザインにひかれた　　4. 広告や書評にひかれた
5. その他(　　)

●この本で特に良かったページはありますか?

[　　]

●最近気になる人や話題はありますか?

[　　]

●この本についてのご意見・ご感想をお書きください。

[　　]

以上となります。ご協力ありがとうございました。

「これはマズいな」

テレビ向きのネタとライブ向きのネタを分けて考えなくてはならない、と思いました。

すると、テレビ向きのネタがほとんどないことに気づいたのです。

たとえば早技系はテレビ向きではありません。1本のペンを消そうとしても、スロー再生されてしまうとタネがバレてしまう。

すり替え系もダメ。録画されてスローで確かめられたら、全部バレてしまう。

「弱ったなぁ」

私はそれから来る日も来る日も、一年半ほど対策を練り、研究を重ねました。

もうどこから撮られても大丈夫、と満を持して出演したのが『11PM』という深夜番組です。その後、2時間スペシャル番組などに出るようになり、人気に火が付きました。

昭和48年から平成6年まで、日本テレビは『木曜スペシャル』という特別枠の番組を放送していたんですが、放送開始当初に扱ったのがマジックショーでした。

『神か悪魔か　マーク・ウィルソン』というキャッチフレーズで、アメリカの有名なイリュージョニスト、マーク・ウィルソンを特集したのです。

マークの次が、あのユリ・ゲラーです。『神か悪魔か超能力か』というキャッチフレーズで番組に登場した彼は、社会現象を巻き起こしました。

ユリ・ゲラーがすごかったのは、テレビを観ているお茶の間の人たちにスプーンを曲げさせたことでした。それでマジックじゃなくて超能力だ、と信じる人が増えたんです。

私はその次を狙っていました。マジックです、と言い切ってしまったらユリ・ゲラーを超えることができない。マジックでも超能力でもない、何か新しい形。私はそれを〝超魔術〟と名付け、パフォーマンスをし始めたのです。

昔のマジシャンや手品師は、演芸場から生まれました。私がブレイクした理由は、テレビという環境があったからです。

テレビという箱は、実演販売員とホテルのラウンジショー時代の経験が発揮しやすい環境だったのです。テレビショッピングのような状況の中でパフォーマンスができたため、視聴者の心を掴むことができたのです。

私がパフォーマンスをする際、ゲスト出演している芸能人の方々が、さまざまなリアクションをしてくれました。私の一挙手一投足に驚き、疑い、喜んでくれたのです。

彼らはお茶の間のみなさんの代弁者として、私と向かい合ってくれました。ちょうどテレビショッピングの構図と同じです。商品の魅力を伝えていく司会者の横で、アシスタントが質問したり、驚いたりしますね。実演販売をやってきた私にとっては、完璧な空間だったのです。

前置きが長くなってしまいました。この章では私がテレビ時代に培ったコミュニケーションのテクニックを余すところなく、お教えしていきます。

コミュニケーションは「性悪説」から出発

テレビでブレイクした頃から私は「誰も真剣にテレビを観てはいない」という気持ちを持っていました。実演販売員時代に、人を自分のほうへ振り向かせることの難しさを痛感していましたから。

ましてや現在は〝ながら〟の時代です。誰もがスマホを持ち、いつでもどこでも、歩いている時ですら画面に目を落としています。テレビにしても、じっと集中して観ている人も少なくなったでしょう。スマホをいじりながら、時々テレビ画面に視線を送るという感じでしょうね。

性善説と性悪説。**コミュニケーションにおいては、性悪説から出発したほうがいいと思います。**基本的に他人は、自分のことなど見ていない、聞いていない、興味を持っていないと。

その観点からスタートした時、私にはテレビ時代に培った経験則があります。**それは〝先に結論を言う〟というものです。**

たとえば、人を空中に浮かせる超魔術をやるとします。その際に私はまず、

「今から、この人が空中に浮きます」

と、結論を先に言ってしまうのです。言ってしまってから、ゆっくり実演していくのです。CMをまたいでも大丈夫です。視聴者は待ってくれます。ザッピングしたとしても、気になって戻ってきます。

NHKの『チコちゃんに叱られる』という番組が人気ですね。チコちゃんが質問してゲ

ストが答える形式なのですが、チコちゃんは早い段階で正解を言います。そしてなぜそうなったのか、というのをじっくり答え合わせしていくのです。

テレビでも映画でも小説でも、焦らしに焦らして最後に明かすという手法はあります。それが非常に効果的な場合はもちろんあります。

たとえば良質な推理小説は、犯人が知りたくてページをめくる手が止まりません。恋愛系の映画やドラマであれば、主人公が誰とくっつくのか最終回まで引っ張ったほうがいいでしょう。この最後まで引っ張るという手法は、うまくやればいいのですが、かなり難しいことです。小説にしろドラマにせよ、話をするにせよ、最後まで引っ張るためには、ずっと飽きさせずに相手をリードしていく高等テクニックが必要なのです。

最後まで引っ張るという手法はリスクが大きいのでやめましょう。ましてや現在はせっかちな時代です。みんな最後まで待てません。ネットの普及によって情報のスピードが驚くほど速くなっています。たとえばスポーツの結果はリアルタイムで〝ネタバレ〟します。家に帰って録画を見るのを楽しみにしていても、スマホをいじれば結果が先にわかってしまいます。

〝勝利の行方は……!?〟なんてニュース番組が煽ってみても、視聴者はもう結果を知った上で観ています。

ネット社会で情報スピードが上がり、人々もどんどんせっかちになっています。1秒でも早く知りたい、見たい、聞きたい、楽しみたいというモードになっています。漫才やコントも時代とともにどんどん短くなり、だからこそ一発芸やハイペースなリズムネタが流行ったのです。10分以上の漫才をじっくり観る視聴者はいませんし、テレビ側もいくら大物や人気者であっても放映しません。

良いのか悪いのかは、この際置いておきましょう。現在はそういう時代であり、人々の消化スピードと飽きるスピードは加速しているというのが事実なのです。

人と人とのコミュニケーションにおいても同じです。**現在の人は恐ろしいスピードで相手の話に見切りをつけたり、飽きたりします。焦らしを待ってくれません。だから先に結論を言うのです。**「それほんと?」「ほんとにできるの?」「どうして?」という「?」マークを相手の頭に抱かせ、答え合わせをしていくのです。

最初に結論を言ってから、答え合わせをするように話を進める。試しにやってみてください。

失敗したらどうすればいいのか

昔、私ではなく他のマジシャンなのですが、ハンカチから鳩を出そうとしたら死んでいた、なんてハプニングがありました。冷や汗ものです。

こんな場合、どうするか？　マジシャンは、あたふたしてお客様に失敗を悟られたら終わりです。**ドン引きしてしまったお客様は、もう二度と戻ってきてくれません。この場合の正しい対処法は、何事もなかったように次に移ることです。**

お客様は「なんだったんだ、今のハンカチは？」と思うでしょうが、振りかざしたハンカチをサッと仕舞って、すぐに次のアクションに移るのです。そうすれば意識はハンカチからすぐに離れます。そしてマジックが終わる頃には、ハンカチが登場したことすら忘れています。

自分が思えば他人も思うのです。だから気にしない。すっと流してしまう。そうすれば起こったことすら忘れてしまいます。引きずるのが一番の悪です。引きずったところで、もう時間は戻りません。

何事もなかったかのように、顔色一つ変えずに通り過ぎてしまう。これがベストです。人は忘れます。次の出来事が始まれば、ひとつ前の出来事を忘れるのです。

これがもしも、あらかじめ「鳩を出します」と宣言していたらどうでしょう？　これはもう逃げ場がありません。だからマジックでは、先に現象を言ってはいけないというのが鉄則。失敗した時のフォローができないからです。

でも、そういう時代は終わりました。先に結論を言い、逃げ場をなくすショーが広まったからです。

「今からこの指輪が消えます。よくご覧になっていてください」

何を隠そう、マジシャンから逃げ場を奪ったのは私です。さまざまなマジシャンから「掟破りだ」と非難されました。

でも私は「今からこんなことが起こります」と宣言しなければ、視聴者が観てくれない時代になったと感じたから、そうしたのです。あり得ないことを宣言しておいて「本当に？」

と思わせてから、実行する。視聴者の「できなかったらどうするの」という意地悪な見方を覆すことで、ブレイクできたのです。

私は私自身で逃げ場をなくしておきながら「失敗したらどうしよう」という不安に震えていました。絶対に失敗できないというプレッシャーで押しつぶされそうになっていました。

でも、やるしかないのです。成功を目指して頑張るわけですが、人間ですから絶対はありません。失敗する危険性はあります。だからこそ私はあらゆる失敗のパターンを事前に想定していました。

思いつく限り、すべての失敗例を思い浮かべ、そのひとつひとつに対するフォローの仕方を考えておくのです。

この失敗をしたときは、こう言おう、このネタにすり替えよう。そんな風に決めておいて本番に臨んでいました。

白状しますが、私は結構失敗しています。視聴者に気づかれていないだけで、かなりミ

スしています。ですが、あらゆるパターンを想定し、回避する方法を事前に決めていますから、バレずに済んでいるのです。

テレビは収録だと、最悪の場合は撮り直すことが可能です。でも生放送やライブではそうもいきません。

私は生放送やライブでも失敗しています。しかもフォローしようがないケースもあるのです。そういう場合は、

「いやー、これがライブなんですねー」

と、笑いに変えます。肝心なのは、深刻にしないこと。この失敗は大した失敗ではない、と思わせることです。

笑いに変えることで乗り切った経験は他にもあります。ミスをはっきりと見せてしまって、もうどうにも誤魔化しがきかなかったことがありました。私が、

「キテます……ん？　いや、キテません。今日はキテませんね」

と言うと、お客様は笑ってくださいました。そしてすぐにやり直して成功させたのです。お客様は先ほどの失敗、つまり「キテませんね」と言ったことすらも、場を盛り上げる演出だったと深読みしてくれるのです。

マジシャンが冷や汗をかきながら黙ってうつむいてしまったり、激しく動揺してしまったりしたら場は凍り付きます。でもマジシャンが笑って、さっと次のアクションをしていれば、お客様もついてきてくれるのです。

マジックの世界大会で、ある一人のマジシャンが実演中、音響機材のトラブルか何かで、音楽がパタリと止んでしまったことがありました。会場は無音です。しかしマジシャンは何事もなかったかのように演技を続行し、最後までやり遂げてしまったのです。観客たちはみな無音状態を「そういう演出なんだ」と思ったのです。

もしもこのマジシャンがトラブルにあたふたしたら、失敗の烙印を押されていたでしょう。しかし彼は無音状態を、息を呑むような演出に変えてしまったのです。

堂々としていれば、周囲の人は「そういうものなんだ」と勝手に解釈してくれるのです。

さて、ここまで失敗したらどうするか？　というのをケース別にお話ししてきました。しかし、まだ終わりません。失敗というのは、どうにも誤魔化せないものもあります。もうひたすら謝るしかない、という種類のものです。私もやっています。

九州でのイベントの際の話です。私はギロチンのマジックをやっていました。お客様に2つの穴に指を入れてもらって、上から刃を落とす、というものです。

「動いたら逆に危ないですからねー。さぁ、自分の指は自分で切りましょうか。どうしたんですか？　早くやってください！　できませんか？　では私がやりましょう」

私がドンと刃を落としました。その時、装置にお客様の指が食い込んでしまっていて、刃が当たってしまったんですね。それで指がえぐれて、流血してしまった。

私はそれに気が付かず「ありがとうございました」とギロチンのマジックを終えて、次のマジックへ移っていったんです。

すると先ほどのお客様がご自分の席へ戻らず、なぜか会場を出て行ってしまったのです。病院直行です。事情を知らない私は、どうしたんだろう？　と思いながらもショーを続けました。

ショーが終わった後、事情を聞かされて、私は真っ青になって病院へ飛んでいきました。

「知りませんでした。申し訳ございませんでした！」

私は何度も何度も謝りました。この失敗はもうフォローのしようがありません。謝るしかありませんでした。

謝罪が必要な場合は、とにかくいち早く、潔く、誠心誠意頭を下げることです。これ以外はありません。

お客様は許してくださいました。いい方だったんです。私のショーを途中で止めてしまってはいけない、と流血した指を隠しながら会場を出て、病院へ向かってくださった。そして私を責めないのです。私は今思い出しても、この失敗は本当に悔しいですし、この方の優しさに涙が出そうになります。

病院をあとにした私にスタッフが言いました。

「いいお客様でよかったですね。そしてマリックさんが嫌われていなかったから、騒ぎにならなかったんですね」

と。**この方が本当に優しい方であったのはもちろん、もしも私が嫌われていたら「痛い！痛い！　なんてことするんだ！」と大騒ぎされて、ショーは中止になっていたはずです。**

この際だから、もうひとつ白状します。

私はその日、船上でのショーをやっていました。ウィリアム・テルよろしく、お客様にりんごを頭の上に載せてもらいました。目隠しした私が、シャンパンのボトルでりんごを叩き落とすというショーです。

タネも仕掛けもありません。水平に腕を振れば、絶対に大丈夫なのです。しかし、私が腕を振った瞬間、船が傾きました。次の瞬間、私の腕にバイーンという鈍い衝撃が伝わったのです。おかしい。目隠しをとると、お客様がおでこを抱えて唸っていました。

「すみません！　大丈夫ですか！」

「石頭だから。ハハハ」

私はショーのあとも、ひたすら謝りました。このお客様も本当に優しい方で「マリックさんのファンだからさ。頑張ってください」と励ましてくださったのです。私はまたしてもお客様に救われたのです。

人に嫌われない。許してもらえる。もしかしたら、これが失敗した際の究極の回避術かもしれません。

男性は内容を見る女性は人を見る

『STEP1』で、男性と女性は全く別の生き物である、というお話をしました。たとえば腕時計を消すマジック。男性は誰のどんな腕時計でもいいから、消える現象そのものを見たがる。女性は誰のものでもない、自分の腕時計が消えることに喜ぶ。そんなお話でした。

これをプレゼンに置き換えてみましょう。あなたが男女混成の数十人の前でプレゼンをすることになったとします。

男性陣は、あなたのプレゼン内容そのものに興味を持ち、精査してジャッジしようとします。内容が優れていれば、企画にゴーサインを出してくれるでしょう。

女性陣ももちろん、内容を見ます。しかし男性陣とは違い、**ゴーサインを出すかどうかの最終ジャッジは、実は内容そのものではなく、あなたという人間を好きかどうか、という観点に委ねられます。**極端に言えば、内容が優れていたとしても、あなたが女性陣から好かれていなかったら、ゴーサインは出ない。

男性陣は仮にあなたのことを快く思っていないとしても、内容さえ良ければゴーサインを出します。

「あいつのことは好きじゃないけど、企画はいいんだよなぁ」

となります。会社にとって利益を生む企画であれば評価されるのです。つまり、実務実益が最優先。

女性陣の場合は、あなたという人間にプロジェクトを任せていいのかどうか、という視点になります。

「内容はいいんだけど、この人、感じ悪い」

女性にそう思われたら、もうアウトです。逆に言えば、内容的に劣るとしても、あなたが女性から好かれるタイプであれば、通る可能性があるということです。

男性は内容をみる、女性は人をみるのです。プレゼン内容を充実させられるかどうかは、あなたの能力と努力次第です。私の関知できない部分です。

プレゼン時に女性陣から「この人、感じいいな」と思ってもらえるようにするには、私がお教えしているコミュニケーション術を駆使してみてください。きっといい結果が待っています。

3回語れ

マジックの世界には強調法というテクニックがあり、〝3回語れ〟という格言があります。

①何を語ろうとしているか語る　（暗示）
②実際に語る　（明言）
③何を語ったか語る　（明示）

というものです。具体例を出しましょう。例えばナイフを使ったマジックだとします。

①「切るものが必要ですね」　（暗示）
②「このへんにナイフがあったはずです」　（明言）
③「ありました」とナイフを見せる　（明示）

「このナイフでこれを切ります」と言えば一言で済むのですが、わざわざ3回にわたってナイフのことを語るのです。

一言で済ませてしまうと、あっさりしすぎていて、お客様の印象に残らないんですね。**3回に分けて説明すれば、「うん」「うん」「うん」とお客様が3回頷く。つまり、お客様に言葉を受け止めさせた上で、動作を見せるわけです。**これから何が始まるんだろう？という興味をゆっくり育てていくわけです。

この手法はマジックだけではなく、ビジネスシーンでも使えるテクニックです。会話例を出しましょう。

①「今日は、どうすればコストを抑えることができるか、というお話をしようと思います」
②「コストカットにおいて最も大切なのは……」
③「というわけで、今日はコストカットについてお話ししたわけですが……」

まず最初に「どんな話をするのかな？」という聞き手に対して「こういう話だよ」と概要を伝えて、聞く準備をさせるのです。

聞き手の聞く準備が整ったら、実際に具体的な話をします。そして最後にもう一度、おさらいをするのです。

「コストカットについてですが……ということで、よろしくお願いします」というサラッとした話し方よりも、断然、聞き手の印象に残ります。

大切なことは強調すべきです。３回語ってください。

確認話法

実演販売員時代からテレビ時代、そしてライブを行う現在に至るまで、私はずっと確認話法を用いています。特にテレビ時代は効果的でした。

通常の話し方と、確認話法を用いた話し方、その比較例を出しましょう。コップの中のお茶を消すマジックで、私とタレントさんのやり取りです。

【通常の話し方】

「今からこのお茶を消します」

「飲むってオチでしょ？」

「いえいえ。よく見ててください……ハイ！　消えました！」

「へーすごーい」

【確認話法を用いた話し方】

「ここに一杯のお茶があります」

「何か仕掛けがありそう」

「どうぞ確かめてください。お飲みになってもいいですよ」

タレントさんが手に取り、一口飲む。

「うん。確かにお茶ね」

「でしょう。では、このお茶を今から消します」

「飲むってオチでしょ？」

「いえいえ。飲まずに消しますよ」

「ほんとに〜?」
「本当です。よく見ててください……ハイ！　消えました」
「うわっ！　すごーい！」

私が登場する前のマジシャンたちは、前者の進行でした。早すぎるのです。せっかく完成度が高いマジックを披露しても、あっさり終わってしまうから印象に残らないんですね。実にもったいない。

後者はじっくり時間を掛け、相手の頷きを確かめてから次の話題へ移っています。相手が理解したことをひとつひとつ確認しながら進めていくのです。

そうすれば相手の驚き、喜びは2倍にも3倍にもなります。同じ内容のマジックでも、話し方次第で何倍もすごいショーにできるんですね。実はこれがマジックと超魔術の境界線なのです。**私は超能力を持っていたのではなくて、ただのマジックを超魔術に見せるテクニックを持っていただけの話なのです。**

確認話法は、話のうまい人が使う常套手段です。実はあなたも日常的に目撃しています。

テレビショッピングです。

「なんと3万円切ります！」

「えー！」

「2万9800円でお願いします！」

「すごーい」

「驚かれるのはまだ早いです。キャンペーン期間中につき、ここからさらにお値引きさせていただきます！」

「ほんとにー⁉」

「はい、さらに5000円引きますよ！　2万4800円！」

「わー‼」

「まだまだ終わりませんよ！　今、お持ちの掃除機を下取りいたします！」

「え？　いくらでですか？」

「1万円で下取りさせていただきます！」

「ということは……1万4800円⁉」

「もう限界です！　これ以上は下げられません……が……特製ハンドクリーナーをお付けします！」

「すごいですね！　これは絶対にお得ですね！」

「ただし！　お電話は今日から3日以内でお願いいたします！　売り切れの場合はご容赦ください！」

「これは急がないと！」

「そうなんです！　お早めにお願いします！」


アシスタントに対して、そして視聴者に対して、ひとつひとつの段階を確認させながら、どんどん値引きして畳みかけていきます。最後の最後に「早く電話しないと売り切れちゃうよ」と視聴者を焦らせます。完璧な流れです。

お気づきだと思いますが、**私は実演販売員の経験を踏まえた上で、テレビショッピングと同じ手法で、超魔術を演出していたのです。**

テレビショッピングの場合は、メインである通販会社の社長（社員）が喋り、アシスタント（芸能人の場合もアリ）が相槌を打ち、驚く役目です。

超魔術に置き換えると、私が通販会社の社長、アシスタントがタレントさんたちです。タレントさんたちは、いわば視聴者の代表です。私のマジックにタネや不審な点がないかどうか、視聴者に代わって疑いの目を向けてくれます。視聴者が抱く疑問を代弁してくれます。そしてリアクションのプロであるタレントさんたちは、視聴者の何倍もの勢いで驚いてくれます。

つまり、超魔術の演出の肝は、視聴者の代弁者であるタレントさんのリアクションだったのです。

テレビショッピングも構図は全く同じです。接客業の方や販売員の方はぜひ、テレビショッピングをご覧になって、スキルを盗んでください。

目が合う前に喋り始めてはいけない

見習いや前座のマジシャンたちは技術もおぼつかないから自信もないし、緊張はするしで、全く余裕がありません。ショーの際にも、お客様の誰とも目が合っていないのに「こんにちは～、ようこそ～」なんて喋り始めます。これはいけません。一体誰に向かって挨拶をしているのか。惰性はいけません。

日常生活でも同様です。相対する人と目が合ってから「こんにちは」と口を開くべきです。落語家を見てください。ゆっくりと袖から出てきて、座して、手拭いと扇子を脇に揃えて、顔を上げて、客席を見渡して、お客様の誰かと目が合ってから「えー」と、やっと口を開く。ベテラン真打ちや名人と呼ばれる人たちほど、落ち着き払っています。お客様は待ってくれるんです。お金を払って観に来るくらいなんですから。

落語家が口を開くまでの時間は、自分が準備する時間ではありません。お客様に対して「みなさん、聞く準備はできていますか？」という時間なんです。それが〝間〟というものです。

プレゼンがうまい人、講義がうまい人を見てください。そういう人たちは本当に落ち着いています。人前に出て行って、腕時計を外したり、水を一口飲んだり。焦る様子がないはずです。

焦っていいことはひとつもありません。余裕や自信がないこと、冷静でないということを見透かされてしまいます。「あの人に任せるのは不安だな」と思われてしまいます。かといってノロノロ、ダラダラやってはいけません。動作と話を分ければいいのです。

たとえば、目の前にコップがあります。コップをひっくり返しながら「ここにコップがあります。ただの普通のコップです」と説明するのはダメです。

まずコップを指さします。お客様がコップを見る。見たことを確認してから、「ここにコップがあります。ただの普通のコップです」と説明するのです。


ビジネスシーンに置き換えてみましょう。たとえば会議やプレゼンの際、プリントを配りますよね。この時、配っている最中から話をし始めてしまう人がいます。ダメです。全員に行き渡って、最後にプリントを受け取った人が紙面に目を落としたタイミングで、

「お手元の資料をご覧ください」

と言うのです。

落ち着いたパフォーマンスこそが信用を築きます。相手の見るタイミング、聞き取るスピードに合わせて、話をしたり、アクションを起こしましょう。それは相手に対する気遣いであり、思いやりです。

思いやりや気遣いがある人のことを、人は信用します。

〝今〟を入れること

完成した伝統芸も悪くはないと思いますが、やはりレベルの高いアドリブ芸は、お客様の食いつき方が違います。

今日のために、あなたのためにつくりました、という熱が伝わることが何より強い。そういうライブ感、緊張感というのはお客様に伝わるんです。

この前も北海道で仕事がありました。

「いやぁ、北海道久しぶりです。今日はみなさんのためだけに用意したバージョンでお見せします！」

という一言で、空気がバッと変わる。お客様の目つきが変わって、ぐっと身を乗り出してくるのです。今日しか見られないかもしれない、と思わせる。自分たちはラッキーなんだ、という特別意識を持たせることにもなります。

昨日も一昨日も何年も前から、どこかの営業でやってきた同じネタ、同じセリフ。そんな風に思われたら終わりなんです。居眠りするお客様が出てきます。

話の中に〝今〟を入れることが大切です。手垢のついていないピュアなものを提供する、ということです。そのためには最新に近い、誰もが知っている話題が使い勝手がいいでしょう。

「いや、トランプさんが来日するってことで、警察官の数がすごいですね」

「今朝の雨の降り方、びっくりしましたね！」

　新しく、誰も傷つけず、好みが分かれず、意見が割れないような話題がいいでしょう。天気の話や新聞の一面を飾るような大きなニュースであれば、まず間違いありません。スポーツや芸能界の話題は、好き嫌いも分かれますし、見方もそれぞれですから、微妙です。また、政治的な発言や宗教的な発言は絶対に避けるべきです。

「あなたと私は考えていること、感じていることは同じなんですよ」と、相手に伝わります。「私はあなたの敵ではない、むしろ似た者同士で親近感を覚えます」という気持ちが伝わると、相手はほっとして心を開いてくれます。

壁際に追い込まれた鶏は空を飛ぶ

私は中学2年生でマジックに出会って以来虜になり、現在に至ります。人生のすべてをマジックに捧げているといっても過言ではありません。たとえばオフの日に映画でも観ようと思い立っても、マジックの何かしらのヒントになるようなもの以外は観に行きません。夢でも出てくるので、24時間マジックのことを考え続けています。

マジックのことを愛しているので、やめたいと思ったことなどもちろんありません。しかしテレビに出演するようになると、いつも新ネタを求められるようになって、追い込まれるようになりました。収録日も放送日も決まっています。生放送ならなおさら、時計の針は刻々と動いて、当日がやってきてしまいます。

一日が24時間では足りないほど多忙になったらどうすればいいか？　睡眠時間を削るしかありません。ピーク時、私は寝ないで取り組みました。

世に出ないマジシャンは、なぜ世に出ることができないのか？　それは締め切りがないからです。同じ演目をつづがなくやり続けていれば職を失わない……そういう意識だから成長がないのです。

締め切りに追われてこそ成長します。成功するためには、追い込まれなければなりません。**壁際に追い込まれた鶏は空を飛びます。窮地でこそ超能力が発揮されます。制約こそがスイッチオンのチャンスなのです。**

締め切りは自分を成長させてくれるチャンスです。できれば他人が設定したもののほうが効果大です。自分で設定したものは、どうしても甘えが出てしまいます。ただし、いつでも他人から締め切りが設定されるとは限りませんから、自分でも「何日の何時までに必ず終わらせる」と設定する癖をつけるのもいいと思います。

いつかやるから大丈夫、今度やるから大丈夫。そんな意識でいると、あっという間に人生は終わってしまいます。

人生自体に寿命という名の締め切りがあるのですから。

教祖の話術

「かんぺき」を漢字で書いてみてください。英語でいうパーフェクト、です。ではどうぞ

……書き終わりましたか？

完璧

あなたはこう書きましたか？

違います！　正解はこうです！

完璧

「ぺき」のほうをよく見てください。「土」じゃなくて「玉」なんです。

間違えたという方。あなたはこれまで何十年も、間違った漢字を書き続けてきたわけで

す。

あなたが今まで常識だとか当たり前だとか思い込んできたことは、正しいとは限らないんです。

……いきなり失礼しました。これは私が〝教祖の話術〟と名付けた話法です。**今まで常識だとか当たり前だと信じてきたことを一瞬でひっくり返される。そうすると、人は「この人の話を聞こう」と思うんです。そしてその後に語られる内容はすべて正しく聞こえてしまう。これが教祖の話術です。**

まず人が気づきにくい鋭い指摘によって、初っ端にガツンと頭を殴られるようなショックを与えます。そして次に、それをわかりやすく解説していくのです。

そうすると聞き手は語り手を信じます。自分が全く知らないことを、このやり方で話されると、思わず尊敬の念を抱くのです。

気が付けば、教えるほうと教わるほうの構図が出来上がっていますね。これは学校の先生と生徒、占い師と客、そして教祖と信者の構図です。完璧に主従関係が作り上げられているのです。

心を掴まれた聞き手は、その後もうんうんと頷いて聞き続けます。そして帰る頃には、高価な壺や数珠を買って帰る。そういう理屈です。

これは実は、私の知り合いが宗教勧誘を受けた時の実話なんです。

正直に言います。私はずっと、この教祖の話術を使ってきました。超魔術を操る神と、それを見守る人間。そんな世界観をつくり上げていたわけです。

この構図がないと、マジックショーは成立しません。世の中で最もナメられてはいけない職業は警察官とマジシャンです。ナメられてしまうと職業として成立しないのです。

人は好奇心の塊です。騙されることに快感を覚える、不思議な動物です。不思議な錯覚を起こす絵を見入ってしまいますね。目や脳が騙されることに驚き、喜ぶのです。常識や価値観をひっくり返される人、モノ、出来事が大好きなのです。

たとえば、過去に弁護士さんたちのパーティーや東大ＯＢの謝恩会など、知能指数が高い方々の前でショーをしたこともありました。

頭のいい人たちは、素直にショーを観てくれません。疑い深く、仕掛けや仕組みを暴こうと鋭く観察しています。そういう人たちにこそ、最初にガツンとショックを与える教祖の話術は有効です。しかもややこしいパフォーマンスではなく、こんなの簡単だよ、と思わせるシンプルなパフォーマンスが効果的です。

では実際に東大ＯＢが全員撃沈したパフォーマンスをひとつ、ご紹介しましょう。

①新聞紙などの大きめの紙を1枚用意し、まず長辺を縦に1回折る

②2回目は長辺を横に折る

③さらにもう一回長辺を縦に折る（＝ここまでで計3回）

④短辺の真ん中で2つに破る

⑤さあ、全部で何枚に分かれたでしょう？

「一度破っただけですよ。そんなに難しい問題じゃありませんよ」

私はそんな風に笑って挑発します。東大ＯＢのみなさんは頭から煙を噴きながら、必死になって考えるわけです。

結局、誰も正解を答えることはできませんでした。ちなみに正解は5枚です。鼻っ柱を折られた東大ＯＢのみなさんはその後、素直にスプーンを持ってこすってくれました。

簡単そうに見えて決して解けない問題を出題することで、「この人は私が知らないことを知っている人だ」という印象を植え付けることに成功したわけです。

教祖の話術。使い方によっては犯罪にも利用されてしまう、危ない話術です。悪用厳禁。劇薬です。

逆に、あなたに教祖の話術を仕掛けてくる人には注意してください。あなたのことを懐柔しようとしているわけですから。

STEP 3

まとめ

- 人々の飽きるスピードは加速している
- 失敗しても絶対にうつむいてはいけない
- 重要な事柄は3回語る
- 相手と目が合う前に喋り始めてはいけない
- 話に〝今〟を入れる
- 常識や価値観をひっくり返されると、人は騙される

テレビ番組出演時の筆者

STEP 4

ライブ時代に
培ったノウハウ

大型プレゼン
スピーチ
講演
ショー
に使える超魔術

1対不特定多数

のコミュニケーション

人を笑顔にするための技術

さて、いよいよ最終章となる『STEP4』です。『STEP3』では数人～十数人という規模でのコミュニケーション術をご紹介しましたが、この章ではさらに人数が増えます。私のようなエンターテインメント職でもない限り、大人数の前に立つ機会はあまりないと思いますが、大型プレゼンや冠婚葬祭でのスピーチなど、大舞台で失敗しないためのテクニックをお教えしたいと思います。

その前に、例によって私自身の話に少しお付き合いください。

本書冒頭でも触れましたが、90年代はじめにブームを迎えると、私の超魔術を〝本物の超能力〟と信じ込んでしまう人が続出。病気の治療や未来の透視、挙句の果てに宗教団体の教祖になってほしいという依頼まで来るなど、異常事態に陥りました。

また、一方では「インチキだ」などとバッシングも受けるようになり、こうしたストレスにより顔面神経麻痺を発症。しばらくテレビと距離を置いた後、私は1997年に「マジシャン宣言」をすることとなります。

以後私はテレビ出演は少しずつ続けながらも、ライブ活動に重きを置くようになりました。各種イベントやディナーショーなどで日本全国を飛び回っています。やはりライブは最高です。目の前の人が驚き、笑顔になるのは、私にとって何物にも代えがたい喜びであり、生き甲斐です。

最近は孫ほどの世代の新スターを発掘する番組にも携わっています。若いマジシャンたちは私なんかよりもずっと器用ですし、素晴らしいテクニックを持っています。ただし、彼らが相当ハイレベルなテクニックを習得してもまだ、私に敵わない部分があります。それは観客をぐいぐい引き込む力。すなわち超話術であり、超演出術です。たとえば若手のマジシャンと私が全く同じ内容のマジックをやったとしましょう。どちらが観客を沸かせることができるか。私はまだまだ負けない自信があります。手先の器用さではなく、話術と演出術にまだ差があるからです。

コミュニケーション術の根幹は、目の前の人を笑顔にすることです。本書はそのためのテクニックを解説してきました。最終章となる『STEP4』はかなり難易度が上がりますが、いますぐにできないとしても、心の端に留めておいていただけると幸いです。また、めったに訪れないとは思いますが、大人数を相手にしなければならない機会が訪れた際、思い出してこのページを開いていただけると、ヒントになると思います。

「スイッチを入れる」は不信感につながる

こてこてのマジシャンというのは、音楽に合わせて、ジェスチャーも大げさにやっているので、どうにも手つきが胡散臭く見えてしまいます。

超魔術は、マジックショー独特の胡散臭さが排除されたものです。ごく自然な手つき、ごく自然な進行で不思議な現象が起きる、というのが醍醐味です。

私はプライベートでの話し方や手つきが、ステージ上と全く変わりません。つまり、**私生活と同じ話し方、同じ仕草でショーを行っているのです。**これはマジックをマジックっぽく見せない工夫です。ごく当たり前の振る舞いとしてパフォーマンスすることで、タネを意識させないんですね。だからマジックではなく、魔術かのように見えるわけです。

マジックに限らず、複数の人前に立つと、途端に変身する人がいます。結婚式の余興や忘年会の出し物など、笑いをとりにいくものであれば問題ありません。むしろ照れを捨てて思い切りやったほうが面白い。

しかし、スピーチや大型プレゼンなどで豹変する人がいますよね。表情はもちろん、声色も仕草も目線も、まるで別人のようになる。あなたの周囲にもそんなタイプの人がいませんか？

俳優でもあるまいし、これはよくありません。本人はスイッチを入れているつもりなのかもしれませんが、客観的に見れば、自分に酔いしれている痛い人です。

本人が普段からやっていない仕草、話し方をしてしまうわけですから、ぎくしゃくしていて、すべてが不自然なのです。そして不自然さは不快感を生み、不信感につながります。せっかく素晴らしい内容のことを話していても、素直に聞いてもらえません。

別の自分を演じようとすることで起きてしまう悲劇です。あくまで自然体で、その人らしくパフォーマンスすることが肝心です。

古代ローマ式記憶術

ですから、あらかじめ自分で決めた台本通りの話し方はいけません。メモを見ながらの話も、相手の心に届きません。

昨今のアナウンサーやタレントは、カンペを目で追っていますね。以前はカンペをチラッと見ても、すぐに顔を上げてカモフラージュしていましたが、今は完全に読んでいます。読んでいることをカモフラージュしようともしない。最悪です。視聴者にはバレバレです。話し手が内容を頭に入れていないのだから、聞き手に伝わるはずがありません。

細かいデータやポイントを、紙の切れ端にメモしておく程度であれば許容範囲ですが、本当はそれもないほうがいい。

大勢の前で、原稿もカンペもなく、目線を落とさず、堂々と前を見て話すことができれば、逆に評価はぐっと上がります。ビジネスの現場でそれができれば信頼を寄せられますし、スピーチでそれができれば、拍手の大きさも違ってくるはずです。

とはいえ、難しいことです。カンペなしで長い時間を話すのはプロでも難しいことです。不安を解消するためのひとつの方法は、話す内容をしっかり暗記することです。忘れちゃったらどうしよう、テンパって頭が真っ白になってしまったらどうしよう、そんな不安がなくなれば、人前に立つ緊張感も小さくなるはずです。

では私が実践している、とっておきの記憶術をご紹介します。それは古代ローマの時代から伝わる『フック式記憶術』というものです。

この古からの術式は、忘れようとしても忘れられないほど、強烈な記憶を可能にします。用が済んだから記憶から消そうと思っても、消し去れないほど深く覚えてしまうほどなのです。ですから記憶を消す際には、イレイサーという消去作業を行う場合もあります。イレイサーというのは、消しゴムを意味する英語ですが、まさに心の中の強く書かれた文字を消しゴムで真っ白に戻すわけです。そのやり方も合わせて、ご説明していきましょう。

まずはフック式記憶術の原理をわかっていただくため、すごく簡単な例を出します。

あなたが友人に、1冊の本を貸したとしましょう。しかし、貸したこと自体を忘れてしまうことがありませんか？　友人とその後に何度も顔を合わせているにもかかわらず、本の記憶が飛んでしまっているわけです。

フック式記憶術を使えば、こういうことはなくなります。

本を貸す際に、友人の頭の上に本が載っている状態をイメージしてください。実際に載せるのではなく、強くイメージするのです。

次に友人に会った際、友人の頭の上に本が載っている絵が浮かびます。

「そういえば読み終わった？」

と口にできます。

これだけです。**頭と本をイメージで関連付ける（フックをかける）。この作業だけで記憶は長期間持続します。**長ければ数カ月、短くとも1カ月は覚えています。本を返してもらって、自分であえて記憶を消す作業（イレイサー）をしない限り、忘れたくても忘れられないのです。

簡単な例をお話ししましたが、次は実践していただけるように、ご説明しましょう。できれば、誰か仲の良い方と二人一組で練習していただくと、わかりやすく実感できると思います。

まず友人に10個の品物を紙に書き出してもらい、1から10まで番号を振ってもらいましょう。たとえばこんな感じです。

1　スマホ
2　たばこ
3　ボールペン
4　家の鍵
5　ホチキス
6　眼鏡
7　コーヒー
8　ノートパソコン
9　腕時計
10　ティッシュペーパー

以上の品物はあくまでたとえです。なんでもいいのです。番号も自由に振ってもらってかまいません。

10個書き終わったら、「1番　スマホ……2番　たばこ……」という風に1から順番に品物を読み上げてもらいます。

あなたは番号と品物をすべて記憶しなければなりません。友人から「じゃあ4番は？」「10番は何？」「ホッチキスは何番？」という風に出題されますから、全部に答えるのです。いかがでしょう。全問正解する自信がありますか？　フック式記憶術を使えば簡単です。

記憶の仕方を解説します。先ほども少し触れましたが、この記憶術の肝は、イメージで関連付ける（フックをかける）ことです。

あなたの頭からつま先までを10個のパーツに振り分けてみてください。たとえばこんな感じです。

1　頭
2　おでこ
3　鼻
4　口
5　あご

6　喉
7　胸
8　おなか
9　膝
10　つま先

改めて、友人が書いた番号と品物を確認し、照らし合わせてみましょう。

1　頭　　スマホ
2　おでこ　　たばこ
3　鼻　　ボールペン
4　口　　家の鍵
5　あご　　ホチキス
6　首　　眼鏡
7　胸　　コーヒー

8　おなか　ノートパソコン
9　膝　腕時計
10　つま先　ティッシュペーパー

こうなりますね。さて、準備段階は終了です。ここからイメージの力で記憶していきます。あなたの体の部位と品物を関連付けて（フックをかけて）、イメージを膨らませてください。たとえばこんな感じです。

・あなたの頭にどこからかスマホが降ってきて、あなたは「痛い！」と叫んでいます。
・あなたのおでこは汗ばんでいて、たばこの箱がピタリとくっついてしまいます。
・あなたは小学生の男の子のようにふざけて、鼻の穴にボールペンを差し込んでいます。
・あなたは家の鍵を口の中に入れて、もぐもぐしています。鉄臭いし、尖っているから口の中が痛いです。
・あなたのあごに友人がホッチキスを刺そうとしてきます。「やめてくれ！」とあなたはあごを押さえて拒絶しています。

・あなたは首に眼鏡をかけようとしています。頭よりも横幅がありませんから、当然ずり落ちてしまいますが、何度も引き上げてかけようとしています。
・あなたの胸に、友人が熱いコーヒーを間違ってこぼしてしまいます。「熱っ！」とあなたはのけぞり、茶色に染まった胸を叩いています。
・あなたはおなかの上にノートパソコンを載せています。机の上と違って安定しませんから、打ちづらくて仕方がありません。
・あなたは膝に腕時計を巻いています。ということは腕時計じゃなくて、膝時計ですね。
・あなたはつま先でティッシュペーパーを掴んでいます。でも慣れていない動きなので、足が攣りそうでプルプル震えています。

さて、記憶術は終了です。次は答え合わせです。友人に出題してもらいましょう。

「では9番は何？」

あなたは頭の上からカウントしていきます。頭を触って1、おでこを触って2、鼻を押さえて3……膝が9番でしたね。膝には何がありましたか？　そうです。腕時計を巻いていました。腕時計じゃなくて膝時計です。

「膝！」

「正解！」

「じゃあ家の鍵は何番？」

あなたは家の鍵をどうしていましたか？　鉄臭いし、尖っているから口の中が痛いし

……そうです。口の中に入れていましたね。口は何番ですか？　頭が1、おでこが2、鼻が3、口が4です。

「4番！」

「正解！」

あなたはこういう具合に全問正解できるはずです。番号を言われても、品物が答えられるし、品物を言われたら番号を答えられます。

あなたのイメージの中で、あなたの体の部位と品物がひとつのストーリーになっているから、記憶が呼び覚ましやすいのです。

イメージする際のコツは、なるべく強烈でインパクトのあるストーリーを作ることです。あごにホチキスを打たれそうになったり、頭にスマホが落ちてくるなど、痛みを伴うイメージは、忘れにくいものです。膝に腕時計を巻くなんて突飛な発想も、忘れにくくて良い

ですね。

二人一組で、出題者と回答者を交互に試してみてください。本当に記憶できることに驚くはずです。

ちなみに私は1カ月後に答え合わせをして、全問正解したことがあります。それくらい強烈な記憶術です。

忘れたくても忘れられないのは困りますよね。要件が済んだら、忘れたいものです。そこで忘れ方もお伝えしておきます。これもイメージの力を借ります。

あなたは吹雪の中にいます。雪が降り積もり、あたり一面、銀世界です。あなたの視界は上を見ても下を見ても遠くを見ても、真っ白です。白以外の色彩がありません。どこを見渡しても真っ白。

この雪のイメージを強く持ってください。するとイレイサー機能がかかり、記憶は消えます。それこそ雪のように、あなたの記憶のノートは真っ白の白紙になります。

いかがでしょうか。あなたはこれで少なくとも10個の要件を確実に覚えることができます。**頭からつま先までを10個のパーツに振り分け、それぞれの部位に要件を当てはめていくのです。**

ご家族から頼まれた買い物から、商品の発注内容まで、プライベートでもビジネスでも、この記憶術は有効です。

カンペなしでスピーチをする際には、話の要点をたとえば5つに分けておきます。頭を触り、おでこをかき、鼻をこすり、口元に手をやったり、あごをさすれば、5つの要点が思い出せます。

騙されたと思って、どうぞ試してみてください。では最後に、

「ボールペンは何番?」

声は見たところに落ちる

大人数を前にした際、あなたが一番気にしなければならないのは、一番遠く離れた場所にいる人のことです。

その人から自分のことがちゃんと見えるか。その人にちゃんと声が届くか。私はステージに立つ際、観客席をSの字、あるいはZの字で見ていくようにしています。「ああ、私のほうもちゃんと見てくれた」と安心していただくのです。

そして声が届くかどうかです。単にマイクの音量を調節すればいい、という単純な話ではありません。会場の隅々まで届くマイク音量だからといって、うむついたままカンペを読み続けていてはダメです。**声は目線を伴うことで、遠くの人の心に届くのです。屋外や急なミーティングなどでマイクがない状況でも、ちゃんと目線が伴っていれば、声は届きます。**

声は見たところに落ちます。遠くを見て話すと、遠くまで声は響き、そこに落ちます。すぐ下を見て話すと、誰にも届かず、真下に声は落ちていきます。届かせたいと思う場所に目線を送って話す。忘れないでください。

拍手を真に受けてはいけない

映画館、劇場、コンサート会場、講演会などで、いざ本番が始まると、客席はシーンと静まり返ります。スマホが鳴れば顰蹙を買いますね。

咳払いは仕方がない、と思いますか？ いえ。咳払いが起きるのは、聞き手の集中力がマックスではない証拠です。たとえ千を超える人がいても、人々の集中力がマックスに達すると、物音一つしないものです。つまり、**咳払いが起きるということは、観客が集中していない証拠。パフォーマンスがウケていない証拠です。**

一流の落語家による話が佳境に差し掛かる時、咳払いは起きません。ドーンと弾けたような笑いが起きるのは、客たちが集中し、緊張していて、それらの感情が解き放たれた時です。まさに嵐の前の静けさですし、静けさの中では決して咳払いは起きません。

人は感動して集中力がマックスに達すると、音も出せずに固まってしまうのです。涙どころか鼻水が流れていてもそのままです。

本当に感動したり、驚いたりしているのはもちろん、周囲の絶対的な静寂を破ってはいけないという責任感と義務感も生まれるものです。そんな張り詰めた空気感がある会場でのパフォーマンスは、おそらく素晴らしいものでしょう。

人は真剣に観たり、聞いたりすると静かになります。そして観終わった後、聞き終わった後、しばし呆然とするものです。

たとえば圧巻の舞台を見せられたり、コンサートで最高の演奏や歌が終わった直後、会場は一瞬シーンと静まり返ります。みんな息を呑んで身動きがとれないのです。あるいは余韻に浸っているわけです。そして遅れて拍手が起こる。これがオーディエンスの本物の反応です。

あなたが何かを話したり、パフォーマンスをした際、直後に拍手が起こった時は注意してください。それは本物の拍手ではないかもしれません。

手を生かせ

能力が高いマジシャンほど無駄な動きが少ないものです。必要がない限り、コインやボールを手でもてあそんではいけません。観客の集中力を削ぐからです。マジシャンはいつも、両手が空であることをさりげなく見せているべきなのです。タネを仕込んでいないこと、慌てず落ち着いて余裕があることをアピールするのです。

会議やプレゼンなどで、書類や物など何かを片付けながら話を続ける人がいますね。あれはダメです。聞く側は、片付ける動きに気を取られてしまいます。聞き手の視界の邪魔にならない場所へ、さっと寄せておくのがベストでしょう。スペース的な都合でどうしても片付ける必要がある場合は、

「すみません。少々お待ちください」

と断って、話を一旦やめ、手早く片付けてください。そうすると聞き手は次の議題に対する心の準備をして待ってくれます。また今まで聞いていなかった人が「なんだろう?」と顔を上げる機会にもなります。

無駄な動きや、聞き手の気が散るような動きをなくすことができたら、次は聞き手をより話に引き込む動きを意識してみましょう。身振り手振り、ジェスチャーです。日本人はえてしてジェスチャーが下手です。外国人のようなスタイリッシュなプレゼンはできません。そもそも国民性とかＤＮＡ的にむいていないのですから、無理にやる必要はありません。

ただし、特に大きな会場、大人数に相対する際はどうしてもジェスチャーは不可欠になってきます。口だけで語ることは限界があります。手を使って、全身で語らないと、遠くの人まで届かないのです。

マジックの世界では〝死に手〟という言葉があります。何もせずに死んでいる手、という意味です。死に手が見受けられるマジシャンは失格です。マジックの迫力が半減し、観客に熱意が伝わりません。

手を生かすにはどうすればいいか。以下の３つの点に注意してください。

・片手だけでやるのは、逆に雑でみっともなく映る。必ず両手で丁寧に。
・大きく動かす。相手の人数が増えれば増えるほど、会場が大きくなればなるほど、動きを大きく、ゆっくりしてください。特に大きな会場では、着ぐるみのキャラクターを演じるスーツアクターのように、ゆっくり大袈裟に。
・両手の動きはできるだけ肩よりも上の位置で行うと、より迫力が出ます。私の決めポーズ「ハンドパワー」もそうです。両手を肩よりも上に位置させています。同じポーズでも、胸の前やおなかの前では迫力が半減するのです。

サービス精神は謙虚な気持ちから生まれる

テレビでブレイクする以前。ナイトクラブや立食パーティーなどの営業でマジックショーを披露していた頃の話です。

お喋りに夢中な人。名刺交換をしている人。騒然とする中で声を張り上げる司会者。私がマジックをやり始めても、誰もこっちを見てくれないなんてことはしょっちゅうでした。

そこで、

「すいませーん！　静かにしてください！」

なんて言うのは最悪です。ムキになったら負けなのです。ニコニコしながら、冷静に突破口を見つけなくてはなりません。私はこんな風に気持ちを切り替えていました。

「今日はいい練習日和だ」

と。本番だと思うと腹が立ってしまう。ギャラをもらって練習させてもらえる。そう考えると腹も立ちません。

練習と気持ちを切り替え、ひとつのテーブルの近くに行って、目が合った一人の方を相手にマジックを始めるのです。その人が「わー、すごい」と声を上げる。すると周りの人が「なんだなんだ」となる。数人が見入っていると、その周囲の人も気になって覗き込んでくる。いつの間にか大人数が集まっていました。

心の持ち方ひとつで現状は打開できますし、**そもそも「見せてあげる」という驕った気持ちではなく、「見ていただく」という謙虚な気持ちが必要です。**

マジシャンはお客様に対して「ようこそお越しくださいました」と言います。これ、よく考えたら変じゃありませんか？　ようこそ、と言ってもその劇場はマジシャンの所有物ではありません。支配人やオーナーの持ち物ですから。

なぜマジシャンが自宅でもないのに「ようこそ」と言うのか。由緒は２０００年以上前にさかのぼります。

マジックはもともと大道芸でしたが、ヨーロッパの社交界でマジックが流行した際、演者が自宅にサロンを作って、一等礼装である燕尾服を着て、お客様を迎えていたんです。一生懸命練習した技を見ていただきたい。だから精一杯のおもてなしをしていたんですね。そんな歴史の名残から「ようこそ」が今も残っているのです。

見せてあげる、という人は自分の自慢話をする人種です。そして人は、他人の自慢話に興味がありません。マジシャンでいえば、手品を見せながら「どうだ、俺はすごいだろう」「こんな技ができるんだぞ」という態度をとるタイプ。これはお客様に伝わります。やがて誰にも相手にされなくなります。

自信を持つことは大切ですが、一方で自分はまだまだ至らない、という謙虚さを絶対に忘れてはいけません。

謙虚な気持ちになると、相手に対して失礼のないように気を付けます。相手を嫌な気分にしないためにはどうすればいいか。その考えを突き詰めていくと、サービス精神に繋がっていきます。目の前の人を嫌な気分にせず、飽きさせず、喜んでいただくにはどうすればいいか。これを真剣に考えることが、すなわちコミュニケーションの大前提です。

どんな点に気を付けてどうすればいいかは、あなたが聞き手の立場になって考えればわかることです。そして、ここまでに学んだ内容を意識してみましょう。

超魔術の裏技術

総まとめチェックリスト

- □相手の顔を見るときは片目を見る
- □話し方の基準は小学４年生を意識する
- □重要なこと以外は静かに話す
- □無理に面白いことを言おうとしない
- □インパクトのないものは先に見せる
- □話す内容は「短編小説」の連続で

- □失敗しても絶対にうつむかない
- □重要なことは3回語る
- □相手と目が合うまでは話し始めない
- □ジェスチャーをしながら話す
- □拍手を真に受けない
- □謙虚な気持ちを常に持つ

免許皆伝

いかがでしたでしょうか。

STEP1~4までのテクニックをすべて取得できないとしても、1つでも2つでもマスターできれば、あなたのコミュニケーション力は明らかに変わると思います。

私がみなさまにテクニックを教えてさしあげようと思った理由は、時代に危機感を覚えたからです。

もう今や、世の中のみんながパソコンとスマホといったIT機器を駆使して、ほとんどのことを済ませる時代です。AIがどんどん進化して、人間関係がどんどん希薄になっています。人づきあいが下手な人がどんどん増えているわけです。

そんな時代だからこそ、人間対人間、ダイレクトなコミュニケーション能力が問われる時代なのではないかと思うのです。

スマホの活用術ではもう他人との差はつきません。だったら、どこで差がつくか。それはコミュニケーション能力だと思うのです。

これからどんどん人類が失っていくであろう能力、忘れていくであろう能力を、高いレベルで維持できる人は貴重な存在になっていくはずです。

またこうも言えます。どれだけ技術が進化し、時代が変わっても、結局最後は人と人ではないかと。だからこそコミュニケーション能力は絶対に必要なものだと思うのです。

人はなぜ人に会いたいと思うのでしょう。それは人を楽しませたい、と思うからではないでしょうか。叱られたいから会いたい、泣かれたいから会いたい、そんな人はいません。嫌いな人にわざわざ会いたいという人もいないでしょう。

また、あなたはどんな人に会いたいと思うでしょう。それはあなたを楽しませてくれる人、笑顔にしてくれる人でしょう。あなたを悲しい気分にさせたり、寂しい気持ちにさせたりする人に会いたくはないはずです。

好きな人の笑顔が見たい——。私がマジックに夢中になったのは、この理由に尽きます。

人が驚く顔、喜ぶ顔をたくさん見たかったのです。

あなたのコミュニケーション能力が、周りの方々を笑顔にします。本書がそのお役に立てたら何よりです。

2019年に行われたMr.マリック超魔術ショー

あとがき――30周年に感謝を込めて

客「その手からなにか出てるんですか?」
マリック「出てるんでしょうね」
客「エッ! 何が? パワーですか?」
マリック「さぁ~?」
客「ハンドパワーですか?」
別の客「オイ なんかきてるんか?」
客「きてる きてる」
マリック「これは キテます!」

そんなお客様とのやり取りから生まれた決めゼリフ「ハンドパワーです」「キテます」と言い続けて30年。超魔術一筋。みなさまのおかげで30周年を迎えさせて頂きました。

本書の最後に、御礼といってはなんですが、この30年の間にもっとも多く頂いたご質問にお答えしたいと思います。

①スプーン曲げの本家ユリ・ゲラーに叱られなかった？
②スプーン曲げは超能力？　それともインチキ？
③スプーン曲げって役に立つの？
④スプーン曲げをやる意義があるの？
⑤なぜ、まだスプーン曲げをやってるの？

これらスプーン曲げに関するみなさまの疑問質問にお答えします。

①スプーン曲げの本家ユリ・ゲラーに叱られなかった？

叱られるどころか、笑顔で「スプーン曲げのブームを再び起こしてくれて、ありがとう」とハグまでして頂きました。

ユリ・ゲラーさんは日本が大好きなジェントルマンです。初めてお会いしたのは、来日時に宿泊されていたホテルのスイートルーム。広い部屋の壁際には、数えきれない程のテディベアが山積みになっていました。

驚いている私に、

「ちょうどテディベアに私のパワーを注入していたところだ」

と言って、1つを持たせてくれました。ユリ・ゲラーさんはテディベアを両手にしっかり挟んでパワーを入れ始めました。

「こちらに今パワーを入れました。そちらのは入っていません。抱いて比べてみてください」

あまりにも身振り手振りで一生懸命に話されるので、思わずこのパワーの入ったものを売ってください、と言いたくなる程の説得力でした。私の実演販売など、足元にも及びません。

このテディベアを抱きしめた人にはわかります。嫌な事などスーッと消え、幸せな気持ちになるのです。これぞ信念の魔術です。

魔術の原点はお守りです。美しい石を見つけてきて、その石におまじないをすると願いが叶うと古代人は信じました。

科学を信じている現代人には、石よりもスプーンの方が、おまじないが通じたようです。

ユリ・ゲラーさんはおっしゃいました。

「スプーンはなぜ曲がるのか、その答えはあなた自身の心の中にあります。曲がると信じてやることです。あなたのやりたい事もスプーンと同じです。できると心に強く信じて念じればその願いは必ず叶います。いくつになっても超能力への憧れを持ち続けてください。必ず道は開かれます」

②スプーン曲げは超能力？　それともインチキ？

トリックでも錯覚でも、もちろん超能力でもありません。答えはこの本のタイトル〝超魔術の裏技術〟です。

驚くべきことに、この裏技術は江戸時代末期の〝手品伝授書〟に「鉄火箸を指で曲げる術」として、すでに書かれているのです。

その方法とは火箸の端をしっかり握り、もう一方の端を体に当て強く押せばテコの原理で曲げられる、というものです。

偶然にもスプーン曲げブームの時、ある少年が後ろ向きに座り、曲げる瞬間にスプーンを床に押し付けて曲げた方法と原理は同じでした。

しかし、スプーン曲げの本当の謎は「一般の人がなぜ曲げることができたのか」です。その一点に絞って8年追求して来ました。

その結果、一番近いのは空手の瓦割りの極意だと気が付きました。瓦を見て割るなんてもったいないと思った人は割れません。ただやみくもに瓦を叩いても手が痛いだけです。ところが、瓦を割るぞと信じ、気合を込めて「ヤッー」と大声を出して空手を振り落とせば割れるのです。

この、声を出した時の一瞬のパワーこそが火事場の馬鹿力です。常に人はマックスのパワーを温存しています。一度、裏技術を身に付ければいつでもスプーンは曲げられます。ぜひ、私の超魔術ライブにいらっしゃってください。スプーン曲げを体験してください。

③スプーン曲げって役に立つの？

たかがスプーン曲げと思っている人は、スプーン屋さんが儲かるだけで終わりです。もしくは、曲がってしまったスプーンを元に戻せば少しは役に立ちます。ところが、されど、スプーン曲げの世界というものがあるのです。役に立つ、立たないの尺度ではなく、曲がると面白いなぁと思ってやってみてください。スプーンを曲げた瞬間、間違いなくあなたは周囲から見直され、一目置かれます。お金も物もあくまで、生きていく上での手段のひとつです。結局、人は自分の存在と誇りと自尊心に満足して生きて行きたいのです。スプーン曲げは、かりそめの夢以上のリアル体験です。子供心をスプーン曲げで取り戻してください。

④スプーン曲げをやる意義があるの？

人は自分にできない事ができる人を「天才」と呼びます。そして、その天才を見た時、私たちは感動します。感動しているひと時を幸せといいます。

私が目指して来たスプーン曲げは、自分で曲げて、自分に驚き、自分に感動して頂くことです。

自分の才能は、他人から言われて気付くものですが、スプーン曲げは自分で無限の力を持っているというスイッチが入ります。

スプーン曲げは自分の夢を実現する時のプロセスと同じです。自分の夢は自分でしか叶えられません。ビジネスも同じです。為せば成る何事も。

⑤なぜ、まだスプーン曲げをやってるの？

謎のないスフィンクスはすでにスフィンクスではない——。スプーン曲げ最大の謎は、同じスプーンで同じ様にやっても、曲がる人と曲がらない人に分かれるところです。力のある人が曲がり、無い人が曲がらないのであれば謎はありません。ところが、子供が曲げて、親が曲がらないのはこれだけスプーン曲げをやってきても驚いてしまいます。

スプーン曲げがなぜ何十年も興味を持たれているのか？　人は常に謎を求めています。謎こそがいつまでも人を惹きつけ、引き寄せます。新製品に人が注目するのは、謎だからです。

謎が謎を呼び、美しい物と不思議な物を重ねて神秘とロマン溢れる超魔術をこれからも見せ続けたいと思います。

最後までお読みいただき、ありがとうございました。

令和元年6月　Ｍｒ．マリック

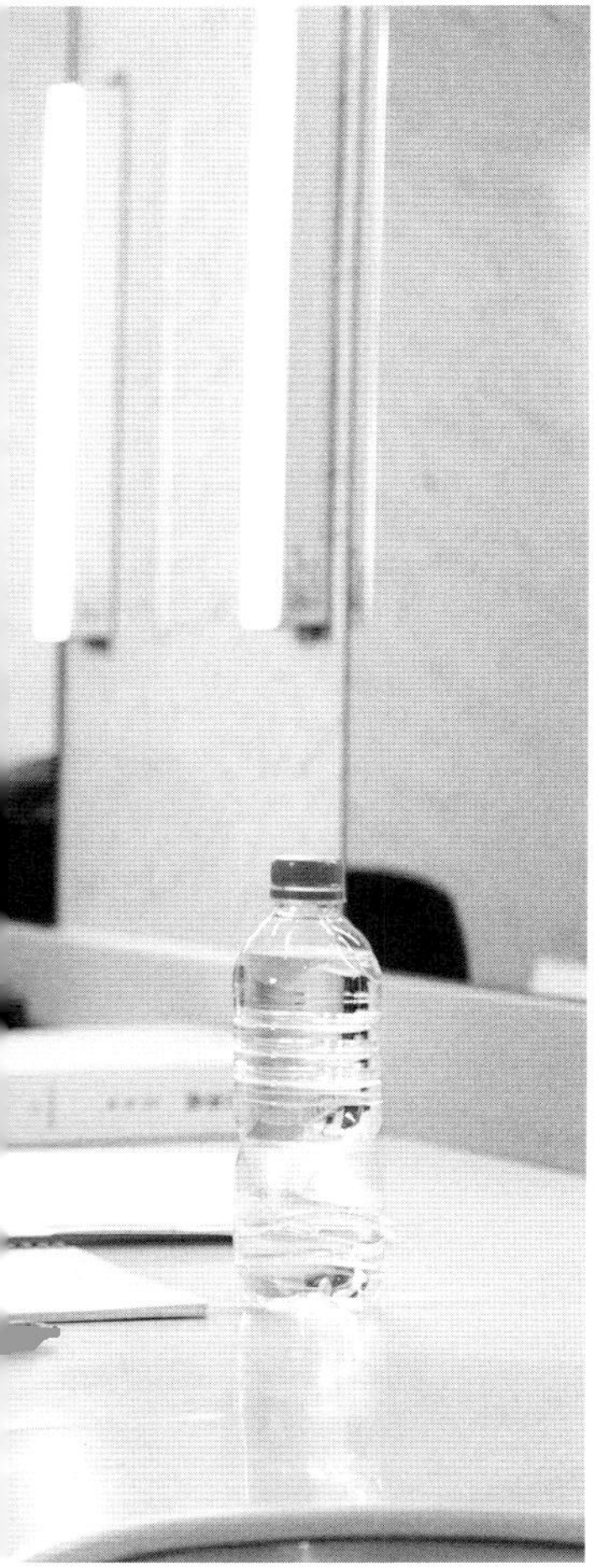

超魔術師／

サイキックエンターティナー

Mr.マリック

1949年岐阜県岐阜市生まれ。

1988年、日本テレビ系「11PM」でデビュー。その翌年「木曜スペシャル」で初の単独特別番組を放送し、28％を超える高視聴率を獲得。『超魔術ブーム』は空前の社会現象を巻き起こし、「きてます！」「ハンドパワー」などの決めゼリフは流行語になった。

現在も、ＢＳ日テレの人気シリーズ「Mr.マリック&マギー司郎が厳選～次世代マジシャン神業列伝」をはじめ、WEB CMやテーマパーク、ショーに多数出演。

また2018年7月には、マジック界のオリンピックと呼ばれる世界大会「FISM BUSAN 2018」にゲスト出演。超魔術30周年を迎える現在もなお、時代とともに進化を遂げる圧巻の超魔術で、世界中のマジックファンを魅了している。

HP　www.maric.jp

Twitter　@Mr31481542

誰の心でも誘導できる
超魔術の裏技術

著者　Mr.マリック
2019年8月25日　初版発行

発行者　横内正昭
編集人　内田克弥

発行所　株式会社ワニブックス
〒150-8482
東京都渋谷区恵比寿4-4-9えびす大黒ビル
電話　03-5449-2711（代表）
03-5449-2734（編集部）
ワニブックスHP　http://www.wani.co.jp/
WANI BOOKOUT　http://www.wanibookout.com/

装丁　森田 直／積田野麦（FROG KING STUDIO）
執筆協力　中 大輔
カバー写真　橋本勝美
校正　東京出版サービスセンター
企画協力　テレビ朝日映像株式会社
有限会社マリックエンターテインメント
編集　大井隆義（ワニブックス）

印刷所　株式会社 美松堂
DTP　株式会社 三協美術
製本所　ナショナル製本

ISBN　978-4-8470-9824-6